吉本興業の真実

大下英治

青志社

装幀・本文デザイン――――岩瀬　聡
イラスト――――――――ラジカル鈴木

吉本興業の真実　目次

大下英治

第三章 —— 仁鶴、やすきよ、三枝、さんま —— 75
ブームを作った功労者たちの熱い思いを知る

第四章――創業者吉本せいの〝お笑い〟の思想

第六章――吉本はどんな基準で芸人を獲り、育てるのか
所属芸人6000人、次々送り出される新時代のヒーローたち――195

第一章

吉本興業よ、どこへ行く

松本人志が嘆く。
大崎会長、岡本社長は間違っていたのか

闇営業事件で潜んでいた矛盾が一挙に吹き出した

六千人を超える芸人が所属する大手芸能事務所の吉本興業が一つの事件を発端として、揺れに揺れている。

吉本興業といえば、関西発の芸能事務所ながら、九十年代に東京進出に成功したこともあり、いまや東京のテレビ局でも活躍する多くの人気タレントを抱えている巨大な芸能事務所だ。

明石家さんまやダウンタウン、今田耕司、東野幸治をはじめ、吉本興業所属のタレントをテレビで見かけない日はない。

その吉本興業が六月頭から現在まで、連日、世間を騒がせている。

発端は、六月七日発売の講談社発行の写真週刊誌「フライデー」のスクープだった。

「吉本興業人気芸人が犯罪集団に『闇営業』」の見出しで、雨上がり決死隊の宮迫博之ら吉本興業に所属する芸人たちが、平成二十六年十二月二十七日、都内のホテルの宴会場を貸し切りにして行われた振り込め詐欺グループの忘年会に出席したと報じたのだ。

さらに「フライデー」では、詐欺グループ元メンバーの「芸人一人につき、百万円は払ったと思いますよ」との証言まで報じた。宮迫たちが所属事務所を通さずにギャラを受け取る闇営業のかたちで参加した疑惑が浮上した。

　参加が報じられたのは、闇営業の仲介役のカラテカの入江慎也をはじめ、雨上がり決死隊の宮迫博之、ロンドンブーツ1号・2号の田村亮、レイザーラモンHG、ガリットチュウの福島善成、くまだまさし、ザ・パンチのパンチ浜崎、天津の木村卓寛、ムーディ勝山、2700の八十島宏行と常道裕史、ストロベビーのディエゴの総勢十二人であった。

　また、のちにはワタナベエンターテインメントに所属するザブングルの加藤歩と松尾陽介も参加していたことが判明している。

　さらに、記事では当事者の一人であり、最も名前の知られた宮迫との詳細なやりとりも載っている。


——宮迫さん、振り込め詐欺グループの忘年会に参加していましたよね。

「え？」

——これ、宮迫さんがその忘年会で歌っている姿なんですが。

「（動画を見ながら）これ俺か？　俺やな」

——振り込め詐欺グループの忘年会とは知らなかった？

「まったく知らないです……」

——この忘年会は事務所の仕事ではないですよね。

「会社に怒られるんで（個人的な営業には）基本的には行かないです」

——それでも参加したのは、入江さんの仲介だったからですか。

「『ちょっと顔出してください』と入江に言われて、『ええよ、空いてるし』くらいの感じやったんかな」

——ギャラは百万円と聞いています。

「ないない！　入江の知り合いと聞いて信用してたんやろうけど、そんなカネはもらってへんよ」

宮迫は、「フライデー」の直撃取材に対して、ギャラの受け取りをはっきり否定した。

このことが、のちに騒動を大きなものにしていく……。


わたしは、十三年前の平成十八年の暮れに吉本王国の成り立ちからその繁栄ぶりについて取材し『吉本興業、カネの成る木の作り方』を書いた。

ところが、急成長の反面、いくつかの矛盾も抱えているな、と憂慮していた。

今回、この宮迫博之らの闇営業事件で、潜んでいたいくつかの矛盾がいっきょに吹き出してしまった。

あらためてその矛盾の根元を確認し、今後の吉本興業について考えてみようと、この

『吉本興業の真実』を世に問うことにしたのである。

まず吉本興業にとって歴史的に抱えていたのが、闇社会との繋がりの深さであった。

吉本に限らず、東京でも闇社会との繋がりの深い芸能プロダクションは多くある。が、吉本興業は関西を中心に発展したため、日本最大のやくざ集団山口組との縁が深かった。

わたしは山口組の田岡一雄三代目に幼いころからかわいがられた天才歌手美空ひばりの一代記『美空ひばり―時代を歌う』を上梓した。山口組の全国制覇にひばりがいかに武器になったかを辿り、描いたものであった。

吉本興業創業期のリーダー林正之助と田岡組長との仲は昔から知られている。

その流れは芸人にも受け継がれ、わたしのもっとも惚れこんでいた天才漫才師横山やすしは、山口組傘下の中野会の若頭補佐と兄弟盃を交わしていた。

『吉本興業、カネの成る木の作り方』で当時の吉野伊佐男社長に、そのコンプライアンスについて答えてもらった。

「社内にはコンプライアンス（法令遵守《じゅんしゅ》）委員会も作って、吉本興業も企業としての責任を果たす方向に向かっています。まして、影響力の大きいメディアで活躍してくれる芸人さんを商品としているわけですから、他の企業さんよりももっと注意しながら引き締めてやらなければいけない。ただし、特に、どうしなさい、こうしなさいと、あまりにも管理しすぎれば、没個性につながっていきます。ですから、少なくとも、反社会的なものについては意識しながら、言動については注意するようには釘を刺しています。要するに、タレントも時代の流れをどう読んでいくかだと思います。」

島田紳助の黒い交際はコンプライアンスの教訓にならなかったのか

吉本興業の人気芸人が闇社会との交際に関連した引退したケースでは、平成二十三年八月二十三日に、島田紳助が引退会見を開いたことがある。

島田は、吉本興業東京本部で会見し、過去に暴力団関係者との「親密メール」のやりとりをしていたことなど「暴力団関係者との黒い交際」を理由に引退を表明し、語った。

「ルール違反をしたので、自分で一番厳しい処分を科した。僕の中ではセーフだと思っていて、悪いことをしているという意識や交際という認識はなかった。ただ『業界のルール違反や』『これはアウト』と言われ、認識の甘さを知った」

当時の島田は、レギュラー番組を六本も持ち、人気の絶頂期でもあったが、芸能界から去ることになった。

その翌年の平成二十四年一月四日、当時吉本興業社長であった大崎洋（現会長）が記者会見を開き、紳助の芸能界復帰を希望する発言をおこなった。

「いつの日か、私達吉本興業に戻ってきてもらえるものだと信じております。私達は彼の才能を惜しむものであります」

ところが、この会見翌日、吉本興業には抗議の電話が殺到し、大崎自身にも世間から厳しい批判の目が向けられた。

しかし、今回また、そのコンプライアンスに問題が生じたのである。

吉本興業は、週刊誌が闇営業を報じることがわかると、発売前から素早い動きを見せていた。

「フライデー」の発売三日前の六月四日付で闇営業の仲介役であったカラテカの入江慎也に、契約解除を通達したのだ。

入江は「友達5000人芸人」「副業で年商一億円」と称されるほどの幅広い人脈を持つ。タレントだけでなく、自ら株式会社イリエコネクションを立ち上げ、実業家としても活動していた。力士やサッカー選手などの一流アスリートや、企業社長らとの交流も公言し、相方である矢部太郎とのコンビ・カラテカとしての活動は最近は少なかった。

吉本興業は、入江を契約解除した理由について説明した。

「入江は反社会勢力とは知らなかったようだが、禁止されている会社を通さない営業を仲介していた。そしてこのような問題を起こしたので、契約を解除した」

さらに、入江以外の忘年会に出席していた芸人に対しても、「反社会勢力とは知らなかったが、注意して、今後も指導を徹底していく」とした。

この段階では、吉本興業は、仲介役だった入江以外のタレントに対しては何らかの処分をすることは想定していなかったようだ。

六月七日、四日付で吉本興業から契約を解消されたカラテカの入江慎也は、自身のツイッターを更新。この日発売の「フライデー」で、大規模振り込め詐欺グループとの闇営業に吉本興業所属の芸人たちを仲介したと報じられた件について、説明と謝罪をした。

ツイッターでは「記事にある忘年会に出席したことは事実」と認めたものの、「詐欺グループの忘年会であるとは本当に知りませんでした」ときっぱり否定した。

いっぽうで、「わたしの危機管理能力の不十分さ、認識の甘さが招いてしまったこと。誠に申し訳ありません」と陳謝した。

また、入江の仲介で闇営業に参加していた雨上がり決死隊の宮迫博之もツイッターを更新した。

宮迫は、「ギャラはもらっていない」と釈明しつつも、「知らなかったとはいえ、後に逮捕されるような輩が集うパーティーに最年長の身でありながら気づく事も出来ず、出てしまった自分の認識の甘さ、脇の甘さを痛感し反省しております」と謝罪した。

テレビ各局は、この時点では闇営業に参加していた芸人の出演番組について、放送変更などの影響はないとしていた。

松本人志が嘆く

この闇営業問題に関連して注目を集めたのが吉本興業の経営陣に強い影響力のあるダウンタウンの松本人志であった。

吉本興業の会長の大崎洋も、社長の岡本昭彦も、ダウンタウンのマネージャー出身である。松本と強い関係を持っていた。

さて、松本は、六月九日放送のフジテレビ「ワイドナショー」に出演した。

松本は、この番組で詐欺グループの忘年会に闇営業として芸人を仲介したカラテカの入江慎也に電話で直接説教をしたことを明かした。

松本は「入江と実は電話でしゃべったんです」と明かして、続けた。

「これはお前が悪いし、ペナルティーでもしようがない。おとなしくしとけということしか言えなかった」

また、宮迫たちがそれぞれギャラをもらっていないと主張している点について、松本はキッパリと批判した。

「正直言うと、僕はないと思う。何らかのお金は多分、出ていると思う。それがどういうふうに分配されたのかわからない。お金出ずに、あれだけサービスするということはないと思う」

そのいっぽうで、縦社会の芸人どうしの先輩後輩の関係についても言及し、自身も同じように先輩芸人から誘われた場合について、語った。

「行く可能性は正直あります。非常に難しい」

松本は、入江だけが契約解消となった点についても冗談めかしながら語った。

「みなさんがどういう風に判断するか。これは吉本興業が決めることで、松本興業が何とも言えない」

ギャラの受け取りを否定したこともあり、その後も、闇営業に関連する週刊誌の報道は続いた。

六月十三日には、「女性セブン」が、忘年会で宮迫が詐欺グループのリーダーについて「『アメトーーク！』に招待する」と発言していたと報じた。

「アメトーーク！」は、毎週木曜日の午後十一時十五分から放送されているテレビ朝日系のバラエティ番組で、平成十五年四月から続く長寿番組だ。ＭＣを務める雨上がり決死隊にとっては、看板番組というべき存在である。さらに、この日放送された「アメトーーク！」では、ＣＭが公益社団法人ＡＣジャパンに差し替えられた。

六月十四日発売の「フライデー」では、忘年会の半年前にも入江たちが詐欺グループのリーダーの誕生会で闇営業をしていたと報じる。

さらに六月十八日には、「ＦＬＡＳＨ」が詐欺グループ側からの話として「ギャラ三百万円を支払い、うち百万円は宮迫に渡すと入江に説明された」と報じる。

当初は金銭の受け取りを否定していた宮迫たちであったが、こうした週刊誌の報道による新たな事実の発覚もあり、最終的には金銭の受け取りを認めざるを得なくなる。

六月二十四日、吉本興業は、この日午後三時半頃、報道各社にいっせいに書面を送付し、闇営業に参加していた芸人たちが金銭を授受していたことを報告し、宮迫をはじめロンドンブーツ1号2号の田村亮、レイザーラモンＨＧ、ガリットチュウの福島善成たち十一人を謹慎処分にしたと発表した。

「本日をもって、当面の間、活動を停止し、謹慎処分とする旨を決定致しました」

吉本の広報によると、十一人全員を会社に呼び出して通達したという。ただし、会社としての記者会見は行なわなかった。

また、宮迫たちと同様に忘年会への出席が判明したザブングルの加藤歩と松尾陽介についても、彼らの所属するワタナベエンターテインメントが当面、謹慎処分にすることを発表した。

吉本興業は、この日発表した文書で、十一人は反社会的勢力の会合であるとの認識はなかったが、報じられていたような金額でなかったものの「会合への参加出席により一定の金額を受領していたことが認められました」と結論づけた。さらに、コンプライアンス研修強化と再発防止徹底などを表明した。

謹慎期間は「当面の間」で具体的ではないが、早期復帰は厳しいとの声が芸能界からはあがっていた。

雨上がり決死隊の宮迫博之は、コメントを発表した。

「この度は世間の皆様、関係者の皆様、並びに番組・スポンサーの皆様に大変なご迷惑をおかけし申し訳ございません。そういった場所へ足を運んでしまい、間接的ではありますが、金銭を受領していたことを深く反省しております。相手が反社会勢力だったということは、今回の報道で初めて知ったことであり、断じて繋《つな》がっていたという事実はないことはご理解いただきたいです。詐欺集団、そのパーティーに出演し盛り上げている自身の動画を目の当たりにして、情けなく、気づけなかった自身の認識の甘さに反省しかございません。どれぐらいの期間になるかわかりませんが、謹慎という期間を無駄にせず、皆さんのお役に立てる人間になれるよう精進したいと思います。改めて誠に申し訳ございませんでした」

宮迫は、謹慎処分を受けたタレントたちのなかでは、人気も稼ぎも別格であった。

宮迫は、平成三年に大阪の若手芸人で結成されたユニット吉本印天然素材（天素）メンバーとして東京に進出。天素はブレイクせず、メンバーだったナインティナインが人気になり、天素は平成十一年に解散したこともあり、一時は低迷していたが、その後ブレイクを果たし、人気タレントとなった。

タレントが正しく輝き続けられるコンプライアンス体制

さらに、彼らが出演していたテレビ番組の関係者にも、衝撃が走った。

宮迫が相方の蛍原徹とMCを務めるテレビ朝日「アメトーーク！」については、テレビ朝日の広報は、この日「収録済みの番組については対応を慎重に検討している」とコメント。宮迫の出演部分を今後どうするかについても混乱している様子もうかがえた。

また、田村亮がMCを務める同じくテレビ朝日系の「ロンドンハーツ」も同様の対応で、該当芸人について、両番組への今後の出演は「見合わせる」とした。

どちらの番組も、すでに収録済みの放送回については、宮迫と田村亮の出演シーンを巧妙にカットするかたちで編集をおこない、放送した。

闇営業問題は、宮迫たちだけに留まらず、さらに吉本興業に所属する他のタレントたちにも広がりを見せていった。

宮迫たちの謹慎から三日後の六月二十七日、吉本興業は、スリムクラブの真栄田賢と内間政成を無期限謹慎処分にしたことを発表した。

スリムクラブが無期限謹慎処分になったのは、六月二十八日発売の週刊誌「フライデー」が三年前にスリムクラブの真栄田と内間が暴力団幹部の誕生パーティーに出席していたことが明らかになったからだった。

吉本興業では、「知人である他社所属芸人を通じ、飲食店オーナーの誕生日パーティへの演芸提供を直接依頼され、参加したところ、その対価として一定の金銭を受領しておりました」と発表した。

真栄田は、さっそくコメントした。

「認識が甘く、このような形になってしまった事は、大変心苦しいです。謹慎して、その間に自分と向き合って、少しでも人の役に立てるよう頑張ります。この度は、誠に申し訳ございませんでした」

内間も謝罪した。

「自分の認識の甘さが原因で、軽率な行動をとってしまい、誠に申し訳ございませんでした。この謹慎で自分と向き合い、自分の生き方を堂々と話せる人間になりたいと思います」

また、吉本興業は、すでに二十四日付で当面の謹慎処分を下した２７００の八十島宏行と常道裕史を二十七日付で無期限謹慎処分に変更したことを発表した。

２７００の二人も、スリムクラブが出席していた暴力団関係者のパーティーで闇営業を行い、金銭を受領していたことが発覚していた。二人には反社会的勢力が参加していた認識はなかったという。

この日、吉本興業は、公式ホームページで「決意表明」を掲載していた。会長名、社長名、全役員、全社員、所属一同として、一連の事件を受け「コンプライアンスの徹底と反社会的勢力の排除に関する姿勢」を表明した。

決意表明では改めてタレントへのヒアリングを徹底させ、速やかに対応するとしており、「コンプライアンス体制を再構築し、そしてそれをその時々の案件の事情に応じてタレントが正しく輝き続けられるように柔軟かつ最適に工夫しつつ、運用」すると明言。そして「現在の吉本興業においては、あらゆる反社会的勢力との関係は一切有しておらず、今後も一切の関わりを持たないことを固く誓約・宣言いたします」とした。

すでに二十六日からコンプライアンス研修を再スタートさせており、約六千人といわれるタレント全員が受講することになっている。

六月二十八日、吉本興業ホールディングスの大崎洋会長は、訪問先のバンコクで共同通信の単独インタビューに答えた。問題発覚後、大崎会長がメディアに答えたのは初めてだった。

大崎会長は、所属芸人が反社会勢力の集まりに出席した「闇営業」問題について「本当に申し訳なく思うし、個人的にはじくじたる思いもある」と謝罪し、再発防止に全力を尽くすと誓った。

大崎会長は語った。

「(会社を)非上場とし、反社会勢力の人たちには出て行ってもらった。関わった役員や先輩も追い出し、この十年やってきたつもり」

所属芸人への教育については、コンプライアンス(法令順守)の冊子も作って多数の所属タレントに年間を通じて説明したが「このざまだ」とし、取り組みに問題があったとの認識を示した。

再発防止策についても、新たな防止システムを作るとして、語った。

「一人一人の顔を見ながら現場に足を運んでいくことを繰り返す。気づいたところは注意し合う。不安に感じたり、おかしいところはすぐオープンにして上に伝えたり、社内で共有するようにしたい」

タレント数に比べてマネジメントする社員が少ないとの指摘については反論した。

「現場のことを知らない評論家の言葉。短絡（的）な現象だけ見た言葉だ」

調査結果の全てを明らかにしていないとの批判には釈明し、全容がわかった際には速やかに公表する考えも示した。

「（情報の）確度を高くするには時間がかかる」

国内で記者会見を開かなかったことについても説明した。

「何でもかんでも記者会見で話をしてというのが今の日本の風潮だが、それが唯一の方法とは思わない。（二十七日に発表した）『決意表明』の中に僕や全社員の思いは書けていると思う。これからの僕らの仕事ぶりを見て判断していただきたい」

七月十三日には、吉本興業は、宮迫たちが反社会的勢力から受領したと認定した金額を公表した。

雨上がり決死隊・宮迫博之　百万円

ロンドンブーツ1号2号・田村亮　五十万円

レイザーラモンＨＧ　十万円
ガリットチュウ・福島善成　三万円
スリムクラブ・真栄田賢、内間政成　各七万五千円。
また、吉本興業は、償いの一環として、消費者団体支援など二つのＮＰＯ法人に計三百万円を寄付したことを明らかにした。
今後、吉本興業では、タレントが依頼された仕事をすべて会社に報告することなどを定めた「共同確認書」を新たに作成し、七月中に所属する約六千人の全タレントに署名させるという。
確認書では、把握できた仕事の依頼主と反社会的勢力の関係の有無を、会社が徹底調査すると明記した。暴力団や暴力団関係企業の関係者らとの交流も禁じ、コンプライアンス研修の受講や守秘義務、知的財産権の尊重などにも言及。差別的な発言を防ぐため、ＳＮＳは不用意な発言でトラブルが起こりえることから「危険性を十分に理解して利用すること」も定めた。

くすぶり続ける吉本分裂の火種

七月十四日の朝日新聞朝刊には、大崎洋吉本興業会長がインタビューに応じた記事が掲載された。

大﨑会長は「世間をお騒がせして申し訳ない」と謝罪するいっぽうで、自らの経営責任については「（会社を通さない営業で）業務上のことではなく、会社外のこと。考えていない」と明確に否定した。

さらに宮迫たちの金銭授受については「（事前に）ひとこと会社に報告してくれたら、こんなことはなかった」と説明した。

会社が営業先を把握できなかったことが問題との認識を示し、今後は全ての仕事の依頼を吉本に事前報告するよう義務化した。

会社を通さない営業を受けることは脱税の温床になるとも指摘されていることについては「相手先やギャラの報告義務を徹底する」として、今後も容認する姿勢を見せた。

問題発覚以降、記者会見を開いていない理由についても語った。

「タレントや僕が出て、フラッシュと怒号が飛び交う中、問題点をきちんと聞いたり答えたりが出来にくいから」

謹慎中のタレントの復帰時期については明言を避けた。

「本当に人として、自立できるか。二カ月後なのか、一年後なのか、十年後なのか、見極めて判断する」

吉本興業がタレントの大半と文書での契約を交わしていないことについても、今後も口頭の契約を継続する方針を示した。

「民法上問題はないし、芸人は家族のようなもの。大阪流にいうと、そんな水臭い紙の契約書なんて、ということもある」

吉本興業では、官公庁からの仕事の依頼も多く、政権との距離の近さを疑問視する声もあがっていた。

大崎会長は、今年四月には安倍晋三総理が吉本新喜劇に出演した経緯について、首相側の意向に応じたものだったことも明らかにした。

「G20開催に伴う交通規制などへの協力を呼びかけたいという安倍総理の気持ちがあり、『よくぞ来て頂きました』とお迎えした。テレビ放送も出来て、視聴率も安倍さんが出て上がった。すごくよかった」

そのいっぽうで政権との癒着関係にあるのでは、という見方は否定した。

「僕らは（政権の）手先ではない。正しいことを広めているだけ」

闇営業に端を発したこの問題は、裏社会との関わりだけでなく、会社とそれに所属するタレントとの関係の問題へとさらに発展を見せていく。

七月十九日、吉本興業は、謹慎中の宮迫博之との契約を解消したと発表し、「今後の宮迫博之とのマネジメントの継続に重大な支障が生じた」と説明した。

宮迫を巡っては、この日発売の週刊誌「フライデー」が平成二十八年七月に福岡で起きた金塊強奪事件の主犯格とされる男らのグループと、事件の約三週間後に宮迫が酒席をともにし、それに加えて金銭を受け取ったという〝ギャラ飲み〟疑惑も報じていた。

この事件は、平成二十八年七月八日に福岡市のＪＲ博多駅近辺で、会社役員らが運搬していた約七億六千万円相当の金塊をアタッシェケースごと六人組に奪われたというものであった。

主犯格と見られている野口和樹被告らは平成二十九年五月、窃盗容疑などで福岡県警に逮捕され、今年一月、福岡地裁で窃盗罪で懲役九年の判決を受けて、現在控訴中である。

七月二十日、この問題はさらに動きを見せる。

これまで沈黙を守っていた宮迫と田村亮がこの日、吉本興業とは関係ないかたちで記者会見を開いたのだ。

百人を超える報道陣が詰めかけた会見場に、百人は黒のスーツ姿であらわれ、冒頭深く頭を下げた。

宮迫は涙ながらに語った。

「全ての責任は、僕にあります」

宮迫は、問題発覚直後、金銭授受はないと事務所に報告するように他の芸人に自らが指示していたことも明らかにし、語った。

「今回の騒動は、僕の保身からくる軽率な嘘から始まっている。そのせいで後輩たちも巻き込んだ」

田村亮も謝罪した。

「僕の弱い部分のせいで虚偽の説明をしてしまった。全ての方々、本当に申し訳ありませんでした」

いっぽう、宮迫は、写真週刊誌がこの問題を最初に報じた直後の六月八日以降、記者会見を開くよう吉本興業に何度か提案したが、会社側から「静観です」と記者会見を開くことを止められていたことを明らかにした。

さらに、吉本の弁護士からは「会見の成功なんていうものはない」とも言われていたと告発した。

また六月二十四日に記者会見を開きたいと吉本興業の岡本昭彦社長に伝えた際には、岡本社長から「やってもええけど、そしたら全員連帯責任、クビにする。俺にはお前ら全員クビにする力があるんだ」と解雇をちらつかせながら脅されたことも明らかにした。

その後、二人は弁護士を通して吉本側とやり取りを続けてきたが、七月十八日に吉本側から「引退会見か契約解消か」を選ぶよう求める書面が届いたことを明らかにし、宮迫は「謝罪会見をさせてもらえると思っていた僕たちは、どうしたらいいかわからなくなった」などと語った。

田村も、宮迫と同様に、記者会見を開くことに否定的な会社への不信感を語った。

「（吉本と所属芸人が）ファミリーなら僕は子ども。子が、本当に悪いと思って謝ろうとしているのを止めるのが親ではない。不信感しかなくなってしまった」

また宮迫は、「フライデー」が、金塊窃盗事件の被告とのギャラ飲み疑惑を報じた点については、金銭のやりとりを否定し、語った。

「トイレから出てきたところを、写真を撮ってくれと囲まれて、撮った。ただそれだけの写真です」

一部で報じられた自身の芸人引退についても宮迫は否定した。

「僕の能力でできることで役に立てることが、いつかあるかもしれない」

この日の二人の会見について吉本側の担当者は「知らないところで会見が行われた。個別質問について今は答えられない。内容を精査して後日速やかに何らかの対応をさせていただく」と語り、会社としては関与していない姿勢を見せていた。

宮迫と田村亮の記者会見は、世間に一石を投じ、この会見によって吉本興業は会社としての不透明な対応について非難を浴びることになった。

大崎会長は、いまや官邸肝煎りで設立された官民ファンド「クールジャパン機構」との百二十二億円にもおよぶ巨額なビジネスにも食い込んでいる。

政府と関わりを持つにいたっているかぎり、コンプライアンスについては、いっそう注意を払う必要があるのではないか。それなのに、記者会見を止めるとは問題ではないか。

ダウンタウンの松本人志も、この日夜、記者会見を受けてツイッターに「後輩芸人達は不安よな。松本　動きます」と記し、自らが行動に出ることを明らかにした。

その後、松本は、午後十一時前に東京・新宿の吉本興業本部に向かい、打ち合わせをおこなった。

松本は、七月二十一日、自らがコメンテーターを務めるフジテレビ系「ワイドナショー」に生出演し、吉本興業に対して「芸人ファースト」を訴えた。この日は前日の記者会見を受けて、急きょ生放送で出演するかたちとなった。

松本は生放送での対応について「(会見が)思ったよりハードで無視できないと思った」と説明した。

さらに「僕の知らなかった事実があまりに多くて。これは僕もだまされた」と吉本興業への不信感をにじませて語った。

そのうえで騒動の発端となる「ギャラを受けとっていない」と嘘をつき、泣きながら会見した宮迫と亮に「急に悪から善になるわけじゃない」と釘を刺すことも忘れなかった。

そのいっぽうで表情を曇らせて語った。

「ここまで追い込んだら信頼関係がなくなる。吉本興業はつぶれるんじゃないかと危機感を持っている」

宮迫と亮が懇願したにもかかわらず、記者会見ができなかったことについては、怒りを見せた。

「時代を全然、読み間違えている。吉本興業は日本の人を楽しませる会社なのに、この二カ月は全然おもしろくない。僕は吉本というか、お笑いが好きなんで憤りを感じる。これは宮迫と亮じゃなくて、僕の問題。許せない」

岡本社長が芸人に対して「俺にはお前ら全員をクビにする力があるんだ」と言い放ったことについても語った。

「いつからそんなに偉くなったんだ。会社って『芸人ファースト』でしょ。芸人が金を受け取ったことを認めたら『静観します』と。そしたら吉本にはおられない、いたくない」

岡本社長については、「元マネージャーだけど、二十年くらい前から言葉遣いが横暴になって、大崎会長にも指摘した」とも語った。

松本は、岡本社長を非難するいっぽうで、大崎会長については擁護する姿勢を見せた。「僕は大崎洋とずっとやってきたので、大崎が『進退も考えなくちゃ』と言ったのを止めた。兄貴なんで大崎会長がいなかったら僕も辞める」

番組内では吉本興業の岡本昭彦社長も、VTR出演し、会見することを明言。その後、吉本興業は、翌二十二日午後二時から会見することを正式に発表した。

事あるごとに「ファミリー」を口にする大崎会長、岡本社長に問題はないのか

いっぽう、吉本興業に所属するタレントたちも、この問題に関連して声をあげ始めていた。

ベテラン芸人の明石家さんまは、宮迫たちの窮状を見て、助け舟を出した。

さんまは、七月十九日夜に録音されたとみられる大阪・MBSラジオの「ヤングタウン土曜日」で「宮迫、どうしたんや」と切りだし「おもしろく言わなあかんプレッシャーや」と明るい口調で話し始め、語った。

「仲間がフリーになるんやけど、僕ら、会社にもお世話になってるけど、芸人サイドの味方やから。いろんな立場（吉本側）もわからんでもない。どっかの事務所も狙ってるかもしれんけど、うち（個人事務所）も狙ってるねん」

さんまは、そう語り、宮迫を自らの個人事務所に受け入れる考えを表明した。

また、七月二十二日の朝、日本テレビ系「スッキリ」では極楽とんぼの加藤浩次が吉本興業を批判した。

加藤は、吉本興業への憤りを口にした。

「こんなところまで追い込んでしまったんだ。ここまでやる会社に憤りと怒りを感じています」

さらに加藤は経営陣の責任を追及した。

「大崎会長にも責任がある。役員も代わらなければいけない」

大崎―岡本体制の風通しの悪さを指摘しつつ、自らが退社する覚悟まで見せた。

「この体制が続くなら、俺は辞める」

なんと、宮迫らの闇営業事件が、吉本興業の会長、社長退陣問題にまで広がっていったのだ。これは由々しきことである。

大崎会長も岡本社長も、ダウンタウンのマネージャーとして力を得て、社長、会長にまで登りつめてきたのだ。それゆえ、ダウンタウンが主流派で、加藤らが非主流派というように分かれて内部抗争まで起こっているというのだ。

事あるごとに「ファミリー」を口にする大崎会長、岡本社長にとっては、問題ではないか。

七月二十二日午後二時過ぎ、吉本興業の岡本昭彦社長は、ついに都内で会見し、闇営業問題について謝罪し、宮迫博之を契約解消にしていた件についても「撤回したい」と語った。

詰めかけた報道陣を前に黒のスーツで登場した岡本社長は、宮迫たちについて語った。

「同じテーブルで向き合い、彼らの思いに耳を傾け、解決策を考えたい」

一方、カラテカの入江慎也については「処分を変えるつもりはない」と答えた。

また、自らの辞任については否定し、自身と吉本興業ホールディングスの大崎洋会長については、それぞれ一年間減俸五〇％にすると語った。

さらに、反社会的勢力の介入を防ぐため、タレントが依頼された仕事をすべて会社に報告することなどを定めた「共同確認書」を作成すると説明した。

宮迫と田村が会見で明らかにしたパワハラ発言への岡本社長の釈明も注目されていた。

岡本社長は、「全員連帯責任、クビにする」などと言った点について説明した。

「僕としては身内感覚なことだが、相手には伝わらなかった、まったくもって僕の反省しなければならないことだ。父親が息子に言う『勘当や』『ええかげんにせえ』という意味合いだった」

また、「お前らテープ回してないやろうな」と言ったとされる点についても「冗談だった」と述べた。

こうした点が企業のトップによるパワハラではないかとの質問が飛ぶと、さらに語った。「家の中で怒っている感覚だったが、相手にそう感じさせたなら申し訳なかった」

また、金銭授受の発覚直後に吉本側が芸人らに「静観する」と発言した点については、同席した藤原寛副社長が「記憶が定かではない」としつつ、当時は、金銭授受があったかどうかの確認作業をしっかりやらなければいけなかった、という趣旨の発言をしたと説明した。

宮迫は、記者会見で反社会的団体の宴席に参加した経緯を説明した際、仲介したカラテカの入江慎也から「吉本の社員も関わっている会社を通した自分のイベントのスポンサー」と説明を受けたと、会見で話していた。

これが事実であれば、吉本興業が反社会的団体について、確認せずに仕事で関わったことになり、この点についても、岡本社長がどう説明するか注目されていた。

岡本社長は、この点についても釈明した。

関連企業はイベントのスポンサーで、イベント主催者は反社会的勢力でないと確認したものの、スポンサーまではチェックしていなかったと説明し、「判断が甘かった面は否めない」と述べた。

この日の朝「スッキリ」で吉本興業を強く批判した加藤浩次についても語った。「これからスケジュールを調整して、ミーティングの場を持ちたい」

岡本社長の記者会見は、なんとえんえん五時間を超え、質問と回答が噛み合わない場面も目立ち、はっきりしない回答に報道陣からは批判の声も強かった。

神妙に謝罪し続けたが、自身の辞任についてだけは「そういうことを考える前に、やらなければならないことがある」とキッパリと否定した。

が、そのいっぽうで、「岡本さんでなければできないことはないか」と問い詰められると言葉に詰まり「みんなに後で聞いておきます」と絞り出して、報道陣から失笑される場面すらあった。

それにしても、これが六千人もの芸人を抱える笑いの王国の社長か、と呆れる会見であった。かつては上場会社で平成二十二年から非上場会社に戻ったとはいえ、もし上場会社の社長であれば、株主から非難轟々であったろう。

不思議なのは、大崎会長と十分な打ち合わせのうえ、リハーサルまで行なっての会見であったろうが、あまりにもお粗末であった。

極楽とんぼの加藤浩次は、七月二十三日夜、吉本興業東京本部を訪れ、大崎洋会長と緊急会談した。

会談は、加藤、大崎会長、吉本広報担当者が出席し、約三時間におよんだが、早急な結論は出なかった。

加藤は前日の岡本社長の会見についても、この日の「スッキリ」で批判。

「見ていて、僕の気持ちは熱くならなかった」

さらに吉本興業に所属する若手や後輩、仲間の多くの吉本芸人からも加藤を支持する声があがっていた。

ハリセンボンの近藤春菜は、この日「スッキリ」の生放送で加藤に賛同する構えを見せた。

「今後どうするかを、芸人みんなで話していかないと。一緒にお笑いをやりたい先輩、同期、後輩がいるから、一緒に楽しくやるには、一番いいのはどうしたらいいのか選択をしていきたい」

ＴＢＳ系「ゴゴスマ」に生出演した友近も、加藤がトップの辞任を求めたことについて聞かれて語った。

「その気持ちはわかる。上が変わらないと会社が変わらない」

加藤と同じ北海道出身の平成ノブシコブシの吉村崇はツイッター、加藤の動きに追随することを示した。

「僕は北海道の人間です　何かあった時は、北海道の人について行きます」

芸人間で信頼の厚い加藤に同調するタレントは多く見られ、ある関係者は語った。

「加藤さんが吉本を辞めるなら私も辞めると話している芸人は多い。状況次第では連鎖退社や大量離脱に発展し、事実上の吉本分裂になる可能性もある」

「吉本分裂」という言葉まで飛び交い始めた。

旧態依然とした吉本興業の体質

芸人と闇社会との付き合いが発端となった今回の騒動だったが、旧態依然とした吉本興業の体質も、問題視されるようになってきた。

吉本興業の芸人たちからも、待遇改善を求める声が上がり始めていた。

SNS上では、吉本興業所属タレントの嘆きが日々、更新され、メディアの注目を集めつつあった。

あるタレントは、出演料の欄に「1」と書かれた明細書をツイッターにあげ、「一回の仕事のギャラが1円」。一週間拘束された仕事のギャラが一万円だったと示唆するつぶやきもあった。

芸能界は、事務所とタレントが専属契約を結ぶのが一般的だ。雇用関係にある「労働者」ではなく、委託契約して、個人で直接仕事を請け負う「フリーランス」にあたる。ハリウッドには、所属事務所に限らず、あらゆるタレントが所属する労働組合があり、最低賃金や労働時間が保証されているが、日本の芸能界にはそのような仕組みはなく、タレントの待遇は所属する事務所によって異なっていた。

宮迫たちの記者会見では、事務所側の強い立場が浮き彫りになり、吉本興業に所属する多くのタレントが「契約書がない」ということも注目を集めた。

契約書を交わしていなければ、どういう仕事をすればどれだけの報酬が得られるかが明確にわからない。弱い立場にあるタレントに対し、「著しく低い対価での取引を要請する」といった独禁法の違反行為を招くおそれがある。

七月二十四日には、公正取引委員会の山田昭典事務総長も、その点に言及し、この発言の後、吉本興業は希望するタレントには書面で契約する方針を決めたという。

その一週間前の七月十七日、ＮＨＫで緊急速報が告げられた。

「元ＳＭＡＰ」の稲垣吾郎さん、草彅剛さん、香取慎吾さんの三人を出演させないよう、民放テレビ局に圧力を掛けたことが独占禁止法違反（不正な取引方法）につながる恐れがあるとして、公正取引委員会がジャニーズ事務所を注意した」

公正取引委員会が芸能界に対して動いたのは、初の出来事であった。

ジャニーズ事務所にしろ、吉本興業にしろ、大手芸能事務所が公正取引委員会に狙われるようになったということは、両社ともいかに社会的地位が上がったかということである。古い体質が許されなくなっているということでもある。

「吉本興業の近代化」は成せるのか

七月二十六日、岡本社長の記者会見で宮迫との契約解消の撤回を表明していた吉本興業が再度方針を転換する可能性が、浮上した。

七月十九日発売の「フライデー」は、宮迫と福岡で起きた金塊強奪事件の主犯格との〝ギャラ飲み〟疑惑を報じていたが、さらに七月二十六日発売の「フライデー」では、金銭の受け取りがあったとする目撃証言も報じていた。

吉本興業の動きは、その報道を受けてのもので、この日、吉本興業は公式ホームページで「マネジメント契約解消の撤回についても、再度検討せざるを得ない状況」と声明を発表した。処分撤回を保留にしたかたちだ。

吉本はこの日、公式サイトで、宮迫が金塊強奪犯との酒席について同社の聞き取りに「絶対に（金銭を）受け取っていない。２０００％受け取ってない」と主張していたと報告する一方で、「複数のメディアにおいて『宮迫氏は金銭を受け取っていた』とする報道がなされ、弊社が行った『反社会的勢力主催パーティ参加の真偽確認』の際にも、宮迫氏より虚偽報告を受けていることから、弊社としてもどちらを信じていいのか、困惑しております」と表明。さらに「宮迫氏の主張を疑うことなく信じておりますが、万一にも、一部報道が事実であれば、先日、会見の場で発表させていただいたマネジメント契約解消の撤回についても、再度検討せざるを得ない状況です」と説明している。

今回の問題では、吉本興業を率いるツートップの大崎洋会長と岡本昭彦社長の経営手腕にも注目が集まっている。

大崎洋会長は、昭和二十八年七月二十八日、大阪府生まれ。関西大学社会学部を卒業後、昭和五十三年に吉本興業に入社し、テレビ番組の制作やタレントのマネジメント、主力の制作部門を中心に担当。ダウンタウンのマネージャーも務めた。

昭和五十七年設立のＮＳＣ（吉本総合芸能学院）一期生、ダウンタウンの才能にいち早く注目し、大阪で絶大な人気を誇った二人を説得し、東京に進出させた。

岡本昭彦社長は昭和四十一年、大阪府生まれ。天理大学を卒業後、平成三年に吉本興業入社、ダウンタウンらのマネージャーを務めた。バラエティー番組のプロデューサーも担当し、かつて日本テレビ系「ダウンタウンのガキの使いやあらへんで！」では出演者としても人気に。

二人とも、東京で吉本興業が事業を拡大するきっかけとなったダウンタウンとの付き合いが長い。大崎会長は、平成十八年に吉本興業取締役副社長に就任し、吉本興業が平成十九年十月一日から持株会社制へ移行し、ＴＯＢで非上場化され、在京・在阪の主要民放局などを主要株主とする組織変更をした際には、陣頭指揮をとった。

その後、平成二十一年に吉本興業代表取締役社長に就任し、今年、吉本興業代表取締役会長に就任している。

大崎会長や岡本社長は、会社とタレントの関係を「家族」と形容し、情のある関係であることを主張しているが、加藤浩次をはじめとする所属タレントたちから意見が噴出するなかで、今後どのような舵取りを行なっていくのか。

「加藤をつぶしてやる！」

大崎会長と岡本社長が執念を燃やしているとの噂もあった。

その加藤浩次だが、強気から一変、八月九日自身が司会を務める朝の情報番組「スッキリ」で「吉本に残る形となってしまいました。すみませんでした」と謝罪した。残留に向けて水面下で、大崎会長、岡本社長らとの話し合いに進展があったからだ。

吉本興業を取材して、ありがたいシステムだな、と思ったのは、弟子入り修行しなくても、NSCを経由してデビューできること。

さらにザ・ぼんちのようにテレビでの全盛期が終わっても、花月のような劇場で活躍し続けることであった。他のプロダクションだと、テレビで売れなくなるとそのまま消えていかざるを得なくなる。ただし、一発で終わる芸人も多い。

わたしは、吉本興業の幹部に提案したことがある。

「かつて横山エンタツ、花菱《はなびし》アチャコに秋田實という漫才作家がついて芸が長く持ったように、アイデアを提供する作家をつけてはどうですか」

が、冷たく退けられた。

「作家をつけられるほど稼ぐ芸人などいませんよ。とうてい無理です」

結果、一発芸人で消えていく。しかし、それでもNSCからまた新人が誕生してくる。その回転を続ければ、吉本興業は儲かり続けるというわけである。

ただし、一発芸で終わりかけている芸人が、つい今回の闇営業事件のようなしくじりを犯すことになりかねない。

六千人を抱える吉本興業にとって、一人一人の芸人の面倒を細かく見るにはどうすればいいのか。

さんまは、吉本興業にいながら、個人事務所も持っている。さんまは、今回「もしよろしければウチの事務所で抱えていいよ」とまで言っている。

さらにダウンタウンの松本も、彼の出演している「ワイドナショー」で、処分された芸人の受け皿になる構想について語っている。

「イエローカードの子たちを、俺が保証人になるから生かしてやってくれ。吉本芸人六千人かはわからないですけれど、上から五百人くらいは……」

さんま、松本のように吉本興業で実力ある芸人の事務所がそれぞれ六千人の芸人の内から何人かを取り、きめ細かく育てていくというシステムも考えられるかもしれない。

大崎会長は、上場を取り止めてあえて非上場にしたのは、役員や社内にもいた反社のような人たちを一掃し、「吉本興業の近代化」を実現するためとうそぶいている。が、逆に古い体質に舞いもどってしまった一面もあるのではないか。

非主流派の芸人たちをこれからうまくまとめていけるのか、あるいは、分裂含みの動きとなるのか。

大崎会長、岡本社長の手腕に注目が集まっている。

第二章から、あらためて過去の吉本興業をなぞることにより、今後の吉本興業を拓く道が見えてくるかもしれない。

未来の吉本興業の予測にも生きるであろう……。

第二章

トップインタビュー　吉野伊佐男元社長に聞く

吉本興業の「経営術」と「コンプライアンス」

スターを生む吉本興業独自のスタイル

平成十七年の暮れ、私は「吉本本」の取材で当時のトップで生え抜きの吉野伊佐男社長をインタビューした。

吉野社長は、吉本興業の内情を問う私の質問に忌憚なく、実に丁寧に答えてくれた。吉本の体質を知る貴重なロングインタビューとなったので、改めて紹介したい。特にコンプライアンスについては注目してほしい。

大下　若いユニークな人たちがどんどん出て来て、席巻しているわけですね。

吉野　はい。予備軍ともいうべき、素晴らしい素材が、吉本興業にはまだまだたくさんいます。その素材を、できるだけ腐らせずに鮮度を保ちながら、活躍の場をあたえる。マネジメントのほうがずいぶん頑張ってくれていますので、いい流れになってきていると思います。

大下　この間、わたしも、養成所の「ＮＳＣ（吉本総合芸能学院）東京」で授業風景を見せていただきました。中田カウス・ボタンのカウスさんが教えるのを見ると、ネタはまだ磨かれていなくても、キャラクターがある生徒がいます。伸びるかもしれないと、楽しみな生徒がいました。

吉野　吉本興業には、桂三枝、西川きよし、明石家さんま、島田紳助、ダウンタウンら芸人がそろっています。いまの若いひとたちは、基本的には、そういう芸人に憧れ、NSCに入ってきます。しかし、大阪にNSCを初めて設立してから二十五年間、芸人を目指して来る人の気持ちもずいぶん変わってきました。ご家族の理解、意識も、ずいぶん変わってきました。

大下　昔は、お笑いの世界に行きたいと言えば、親が反対しました。いまは？

吉野　少年時代にサッカーをやったり野球をやっていた親が、子供に期待をかけるのと同じ形が、われわれの世界でも見られるようになってきました。親御さんがNSCの入学式について来るという現象もあります。

大下　それは大きな変化ですねえ。

吉野　実際には、非常に競争が激しく、それだけの生徒のなかから、舞台に上がれる芸人になるには、相当の力がないといけません。夢半ばであきらめる人が数多いわけです。しかし、少なくとも吉本のNSCへ来ていただくからには、かつての中学・高校で経験できなかったものを経験されて卒業してもらいたい、という気持ちはかなり強いです。

大下　一期で六百人いる「NSC東京」の生徒を絞り込んで、さらに、「ルミネtheよしもと」などの場所をあたえる。そういう段階で育てていくシステムがあることは、なにより吉本の強みですね。

吉野　吉本興業独自のシステムです。いわば野球で言うルーキーリーグ、ファームチーム用の劇場で修行して、いわば二軍戦に出られるグラウンドというか劇場みたいなところから、メインの「ＮＧＫ（なんばグランド花月）」という流れです。つまり、基本的に、実際に見に来ていただいているお客さんとの接点がまず大切です。だから、吉本興業は、ライブは捨てません。ここだけはしっかりやっておかないとだめだ、という考えがあります。

大下　客の反応が生にわかりますものね。松本人志に「コントは天才」と言われるほどの腕でテレビ番組で有名なココリコが、「ＮＧＫ」に出るというので緊張している。

吉野　舞台へ立って、いわばお客さんの気持ちにどれだけ入っていけるかということが勝負です。芸人にとっては、一番恐ろしいところだと思います。

大下　いまのお笑いブームを、どうやってより長く持たせようとお考えですか。

吉野　当社では、これは、お笑いのブームだと思っていません。昭和五十年代後半のＭＡＮＺＡＩブーム当時は、素材のおもしろさがあるいっぽうで、放送局などのメディアによって作られた感じもありました。いまのお笑いブームは、時代がお笑いを受け入れていることもありますし、われわれもマネジメント力がついたこともあります。タレントもスタッフも、順調に育ってきました。

大下　笑いというものが拡大して、ファン層が若くなっています。中学生、高校生までが見ている。

吉野　そうですね。ただし、大阪の「ＮＧＫ」を支えていただいているお客さんの平均年齢は、四十歳以上です。特に女性の方です。大体六〇％以上は女性ですから。「ＮＧＫ」は、昼中心の興行ですから、昼に来られます。

大下　東京の「ルミネｔｈｅよしもと」は、年齢層はいくつぐらいですか。

吉野　「ルミネｔｈｅよしもと」は、いまは、夕方、二回興行で、若い人対象の分と、お勤め帰りに寄っていただけるような方々を対象としています。平成十八年一月早々からは、「ルミネｔｈｅよしもと」も、「ＮＧＫ」と同じく、ベテランをメインにしてお昼も開演します。「ＮＧＫ」に出ている芸人を、東京でも見てもらいます。一日二十四時間ありますので、お客さんが入る限り、何とか工夫して、多くのお客さんに楽しんでいただきたい。

さんまのＣＭ出演料を一億円で交渉した

大下　ところで、社長さんは、ザ・ぼんちをマネジメントされたわけでしょう。「おさむちゃんでーす」や、山本耕一のものまねの「そうなんですよ、川崎さん」で人気を博したザ・ぼんちは、MANZAIブームで、出たわけですが、すさまじい人気でしたね。

吉野　東京―大阪間を、一日二往復というのもありました。テレビと劇場とがオーバーブッキングしましたからねえ。僕は、ザ・ぼんちに関しては、思いっきり消耗させてしまったな、というものすごい後悔があります。

大下　振り返って、いまの知恵を以てすれば、ザ・ぼんちをもっと消耗させないために、「こういう方法があった」と反省することはありますか。

吉野　やはり、露出をコントロールすることですねえ。充電する時間をどれだけあたえられるかということだと思います。われわれの若気の至りもあるし、ビジネスでいくと、オファーがあるものは「徹底的に行け！」という感じでしたからね。いまから思えば、多少は自分の功名心もありました。

大下　充電ということは、新しいネタを考え出すわけですね。

吉野　テレビというメディアは、どうしても、新しいもの、新しいものを求めてきます。それに応えなくてはいけない。メディアのものすごくいいメリットでもありますが、ものすごく恐ろしいところでもあります。

大下　若い芸人たちを見ていて思いますが、本人たちはネタが尽きたりして同じパターンになります。そういうときに、会社のほうでその人に合うネタを少しあたえて刺激をあたえるということは、無理ですか。かつて花菱アチャコさんは、秋田實、長沖一などの作家にネタを作ってもらったと聞いていますが。

吉野　いやいや、無理なことはありませんよ。いまはほとんど、芸人さんが作っていますが、ネタを、作家さんに書いてもらうこともあります。ただし、それを採用するのは、おそらく、一〇％か二〇％ぐらいのものでしょうか。

大下　吉野社長は、ＭＡＮＺＡＩブームで売れてきたさんまさんのＣＭの交渉をされたといいますが。

吉野　さんまくんは、「オレたちひょうきん族」で人気が上がって、ＣＭの依頼が来たのです。ところが、さんまくんは、十五秒から三十秒という短い時間では自分のキャラクターを出せるかわからないと、断りたいと言ってきました。それに、あのころ、さんまくんは、仕事があまりにタイトでした。もしもＣＭに出ようと思えば、丸々一日空けないといけない。それには、たまにできたオフの日を充てるしかない。休みがないほど売れている人間にとっては、やっと巡ってきた休みのほうが大切なんです。

大下　お金じゃないんですね。

吉野　わが社も、オファーをもらって、ほかの芸人ではいけないかどうか、模索しました。それでも、そのクライアントは、さんまくんでないとだめだというわけです。しかし、本人が嫌と言っている以上、引き受けるわけにはいきません。そこで、僕は、「ギャラが、一億円ならいいです」と破格の出演料を提示したんです。当時、高倉健さんが出演料ではトップ。さんまくんの場合は、それに匹敵する出演料です。とても出してくるとは思いませんでした。

大下　それでも、「出します」と言われてしまった（笑）。

吉野　えらいこっちゃ（笑）。仕事を断るのが本意で、値段を上げることではなかったのに。

お笑い界のコンプライアンス管理はなぜ難しいのか

大下　芸人さんには狂気のようなものもあります。そういうものがあるからこそ、やすし・きよしのやすしさんはおもしろかった。だから、あまりにも芸人を管理して、芸人の狂気的な要素を取ると、芸人の味が薄くなる。しかし、そういう狂気を発揮されすぎては、いまは優等生的になっている吉本興業を破壊するような要素になりかねませんね。

吉野　芸人は、一般のひとたちが、自分では言えない、自分もやりたいけどできないといったことを、代弁している部分があります。しかし、その反社会的な行動や言動を、味だとか、発想だとかいうひとつの評価と、これはだめだと拒む評価と、どちらの声が大きいかと言えば、いまは「これはいかん」という声のほうが大きいです。管理という概念はいろいろな考え方があると思いますが、ひとつの個性を管理することは、とてもできません。僕も、できるだけ協調できる、調和の取れる個性ということを言っているわけです。それが理想ですね。しかし、非常に難しいです。

いっぽうで、世の中の仕組み、社会通念も、ずいぶんと変わってきていますね。かつては「芸人だから、ちょっと大目に見たろか」という雰囲気があったかもしれませんが、いまはそうはいえません。むしろ、芸人だから許されるという理屈は、理屈に合わないと思います。われわれが勝手に作り上げた理屈だと思っています。芸人も、われわれも、世の中から突きつけられている責任が大きくなっています。いまや自己責任を明確に果たさなければいけない時代になっています。自己責任を意識しながらやっていかないと、逆に受け入れられなくなっている。世の中に受け入れられなかったら、それは単なる狂気みたいなものにすり替えられてしまうということもあります。だから、個性は大いに尊重します。ただし、反社会的なことになるかなというものについては、芸人によく判断してもらいたい。

もちろん、社内にはコンプライアンス委員会も作って、吉本興業も企業としての責任を果たす方向に向かっています。まして、影響力の大きいメディアで活躍してくれる芸人さんを商品としているわけですから、他の企業さんよりももっと注意しながら引き締めてやらなければいけない。ただし、特に、ああしなさい、こうしなさいと、あまりにも管理しすぎれば、没個性につながっていきます。ですから、少なくとも、反社会的なものについては意識しながら、言動については注意するようには釘を刺しています。要するに、タレントも時代の流れをどう読んでいくかだと思います。

テレビと劇場、それぞれ別な花の開き方がある

大下　吉本興業が大阪と東京を制覇していることが大きいですね。ひとりのタレントでも、東京と大阪のどちらが合っているかを考えて配置しているんですか。

吉野　ひとつ変化があるとすれば、大阪で育てて、東京へ出て行ったというかつてのスタイルから、いまや、東京生まれで、東京で育って、東京で花開いたという芸人が出て来ていることです。

わたし、テレビの画面で、最近出ているオリエンタルラジオが眼に留まった。「飛行機乗るとき駆け込み乗車　シャツがはさまったまま大空へ！　武勇伝　武勇伝　武勇デンデンデンデンデンレッツゴー」「意味はな〜いけれ〜ど　むしゃくしゃしたから　梨元勝尾行した〜」とやっている。ラップで、シャープで、新しいスタイルだ。

「あっ、おもしろい子がいるな。これ、どこの所属?」
うちのスタッフに訊くと、「何言ってますの、これ、吉本ですわ。まだわずか何カ月ですわ」と(笑)。そういう現象も起こっています。
ただし、いままでの吉本興業のスタイルからいくと、しこしことライブをやらせて腕をつけさせていました。十年かけて腕を磨かないと、芸人として一人前にならないというのが、われわれの常識でした。劇場のライブで生のお客さんに接して、どれだけ自分の力を発揮できるかを試したわけです。それが、ダウンタウンがメディアで活躍するようになってからは、テレビに出るまでのスピードがだんだん速くなっています。

大下　芸人が速く育って売れることは、いいことでもありますが、息の長さという面で言えばどうでしょうか。

吉野　問題はそこですね。それだけの実力を持っている芸人なら長持ちしますが、技量が少し足りない芸人は、マネジメントの力だけでは長持ちしません。それら芸人の行き先というのは相当にわれわれは神経を使ってあげないと、一過性のものになってしまう可能性があります。だからこそ、劇場が、また大事になってくる。

大下　テレビで露出の多かった芸人さんが飽きられると、テレビでの露出が極端に減ってしまいます。吉本興業以外の芸人であれば、それで消えていく例も結構あります。しかし、吉本興業は、テレビがすべてではありません。劇場に出れば、テレビでは摑めなかった客層を獲得できる。別の花の開き方がありますね。

吉野　そうなんです。かつてのMANZAIブームの人気者で、「モミジまんじゅう」で売れたB&Bは、一番典型的です。いまや、「NGK」では、彼らはもっともおもしろい中のひと組です。一時、吉本を離れていましたから、なかなか劇場に出る機会がなかったのですが、復帰してからは、じつに生き生きしていますよ。

大下　これは、劇場がなければ不可能なことですね。

さんまのあとを狙ってヒタヒタと迫る芸人

吉野　やはり芸人が働く場所をどれだけ確保できるかが勝負だと思います。劇場で人気がもう一度上がれば、ふたたびテレビへということもあるわけですから。われわれの課題としては、中堅であるとか、ベテランであるとか、そういう人たちを一つのメディアの世界でワッと湧いたときから、そのメディアでの露出度が少なくなってきたときに、その人たちをどう活性させるかという課題があります。地方へ福祉活動なんかの営業にも出かけて行けるというようなことで、できるだけ仕事のできるステージをわれわれがどれだけ作っていけるかということだと思います。

大下　それは、若手にとってみても励みですよね。自分たちがある種、使い捨てられるのではなくて、吉本で頑張れば末永く生きられるということですからね。

吉野　それが他の社にないうちの特徴だと自負しています。

大下　わたしは、絶対に観るテレビ番組の一つが、明石家さんまさんが素人の女性を相手にツッコミを入れる「恋のから騒ぎ」。わたしの携帯の着メロも「恋のから騒ぎ」のテーマメロディにしているほどです。さんまさんは、やはり、大した才能ですよね。素人のおもしろさを、名人芸ともいうべきツッコミでうまく引き出すことができる。あの年齢で、相も変わらず、自らもズッこけ、あの軽さでいられるのだから、大変なもんですよね。

吉野　世界のトヨタさんに、あの番組のスポンサーになっていただいていました（笑）。

大下　いま若い芸人たちがたくさん出ていますが、たくさん出ている中からもまた、さんまさん級が出てくる可能性はありますか。

吉野　さんまくんに何かあったら、それは後を継ぐ芸人はいますよ。ただし、あそこは、やっぱりがんばっていますからね。

大下　それは、何が違うんですか。あの息の長さは。

吉野　さんまくんは、好感度の上位に十数年います。息の長さは、彼の人間性が、見ている側の感性とぴたりハマっているからだと思います。彼の話術がどうだとか、アクションがどうだとか、ギャグがどうとかだけではありません。きつい毒もあれば、すくったりするようなこともあります。しかし、いろいろな層の人の気持ちの中に入っていける思いを、彼自身がたくさん持っているのではないかという気はします。最近は、今田耕司をはじめとした若手がMC（司会者）の部分に進出してきました。これら若手が、だんだん力をつけていくと思います。そうなってくると、さんまくんなんかがやっている部分が、侵食されるのかどうかだと思います。だから、さんまくん自身も、次に台頭してくる連中は誰か、自分のポジションを脅かすのは誰か、そういう気持ちは絶えず持っています。冗談めかして言うこともありますが、気持ちの中には絶えず持っています。でも、いまのポジショニングからいくと、さんまくんはまだまだ譲らない力を持っています。他の追随を許さない。でも、ひたひたと迫ってきている連中はいますよ。

大下　だけど、上の層も、例えばさんまさんが、七十歳になってアホやっておれないという気持ちになるかもしれませんね。そうしたときに、ダウンタウンすら手を取って引退したとしますね。そうした場合に、それに取って代わりうる芸人が次々に来て吉本ピラミッドが理想的にできればいいけど、それがそろわず、上がポッと空いて埋まらなければ大変ですね。

吉野　下に、いっぱいいます。また、求める味が違うんでしょうね。

お笑い隠し味は「関西風味」が美味しい

大下　マネジメントをやった経験のある社長さんから見ると、芸人さんを居心地よくさせるコツは何ですか。

吉野　人と人のお付き合いがうまくできるかどうかということだと思います。

大下　タレントさんがいつも、「吉本はがめつい」という話、これなんかは……。

吉野　あくまでネタでございましてね（笑）。芸人さんが、「吉本はたくさん給料くれて」と言うと、ネタになりませんからね。吉本興業ががめついという印象をあたえれば、「芸人たちは、可愛そうだな、虐《しいた》げられているんかな」と同情を引きます。アハハ。それは、芸人さんも心得ていますよ。

大下　たしかに、「裕福で、会社がいっぱいくれますねん」と言ったら、それはネタにも何にもなりませんね（笑）。

吉野　ひょっとすると、そういう一面に「関西風味」というものがあるかもしれませんね。

大下　その「関西風味」をもっとくわしく表現すると、どういうことになりますか。

吉野　何となく、ほのぼのした温かみにつながるのではないかという気がします。「まあまあ、そない言わんでも、まあどうでっしゃろ」とか言ったら、「そうかなあ。まあ、ほんま言えば文句も言いたいとこやけど、そない言われたらしゃあないなあ」とか。

大下　いま「ＮＳＣ東京」の出身者で、「ルミネｔｈｅよしもと」に出ている芸人たちは、関西と全然縁がないのか、それとも、本人たちが気づかないうちに、どこかで関西のふりかけがかけられているのか。

吉野　特に徹底的に社員教育をしているというわけではありませんが、吉本興業という企業に、社員だけでなく、芸人もタレントも含めて、うまく溶け込んでいけている気がします。ただ、ぼくは思い切って、社員を採用するのに全部関西出身の社員を採れというのはどうだろうかと考えたことがあるんですよ。

大下　いま、関西出身者のパーセンテージはどれぐらいですか。

吉野　ほとんど関西ですね。

大下　それは、あえて関西人を採っているのではなくて、関西の人が熱烈なる志望者が多いということ？

吉野　もちろん、それもあります。

大下　でも、関東からの志望者もだいぶ多いでしょう？

吉野　多いですよ。

大下　東京で育った芸人たちも、マネージャーが関西の人が多いということで、その芸人たちを育てる過程で、さっき言ったような関西風のふりかけもかかってくるということですか。

吉野　そういう意味では、関西系の芸人が東京で露出できているのは、もちろん関東風のふりかけが効いているんだと思いますよ。だけど、お客さんが、関東風のふりかけの味に少し飽きてきたなと思ったら、「隠し味で関西風味もありまっせ」と出していく（笑）。

大下　その関西風味が確実に強くあるということは、大きいですね。最初、MANZAIブームで、どぎつい関西風が強引に東京も席巻したけど、いまや自然に関西風が溶けこんできた。関西の人間として、この現象をどのようにお考えですか。

吉野　ぼくは、あんまり不思議にも思ってないんですけどね。どうしても、関西とか、大阪というと、どぎつい部分ばかりが誇張されていますが、大阪の柔らかいニュアンスのある部分、人情味、そういう文化も含めて広がっていくことについては、あんまり違和感も感じません。逆にいい感じだなと思っているんですけどね。逆に、関西の人が「東京」をものすごく意識されているような気がするんです。だから、大阪の人に言わせると、「大阪に誇れる物は何もあらへんねん。大阪城、たこ焼き、吉本興業くらいや」。阪神タイガースは、大阪と言っても、甲子園球場は兵庫県で大阪というには中途半端です。そうすると、大阪というと、吉本しかあらへんのか、「なんや〜」みたいなね。とは言いながら、笑い文化の吉本興業を愛していただいているのは、関西の人が多い。日常会話の中でオバちゃんが「吉本の芸人さん、どうやね。おもしろかった、昨日テレビで」とひとつの話題になる。そして、学校でもそうです。「昨日の吉本新喜劇で、だれがおもしろかった」という会話になります。じつは、大阪には、笑いというか、庶民文化というか、大衆文化というか、そういうものが、しっかり根付いていますよ。

大下　お笑いの構造そのものが、関西が原型みたいなところがあるんでしょうね。

吉野　そうでしょうね。僕らは大阪育ちですから、関西系の中に、「アホやなあ」とか、「アホにしたろか」という中にも少し情の通ったものを感じられるんですね。

吉本の入社試験に受かるための条件

大下　吉本のスタッフは、どういう人を採用されるんですか。

吉野　とりあえず、筆記試験をやるんですよ。

大下　筆記試験のいいのを採るんですか。

吉野　上位五人と、下位五人を切るんですよ（笑）。

大下　なぜ、上五人を切るんですか。

吉野　うまくアホになれるかどうかわかりませんから。あんまり筆記試験的な意味での優秀な人は、アホになるのが難しい。吉本に入ったら、ちょっとアホになりますよ（笑）。気持ちを少しアホのレベルに下げておかないと、うまくいかない。思いっきりプライドを持っていたりすると、厳しいですよ。例えば、東大を出て吉本に入ったスタッフが、芸人に「おい、おい」と偉そうにやると、芸人のほうは、そんなに歳も変わらないくせに生意気な、「ちょっと待ったれや」と、関係がシックリいかない。

昭和六十二年に吉本が五千万円を出して「ＮＧＫ」のオープンのＰＲをしようということになりました。ＣＭの素材を電通さんにお願いしたら、「みんなアホにしたろか」というコピーにしてきました（笑）。これはよけいな話ですが、「国会議員から犯罪者まで吉本興業」というコピーでどうだと言うから、僕はおもしろいと思うけど、ちょっと会社を通すのは難しいでしょう。

大下　それは、通らなかった？

吉野　ええ。「吉本で笑い死にしたい奴は、この劇場へ来いや」というコピーもありました。吉本興業という企業につながるイメージは、それらのコピーに表れています。そういうふうに表現するのがいちばんわかりやすいのと違うか、ということでしょう。

大下　ここに入る社員たちは、お笑いが好きな人が多いですか。あるいは、電通に入るような気持ちで入って来る人が多いのか。それとも、おれは、本当はお笑いがやりたいんだけど、ちょっとタイプじゃない、それなら、スタッフとしてマネジメント側にまわろうとか。

吉野　お笑いではなくて、そこを取り巻くテレビをはじめとしたメディア、華やかなイメージの世界が好きな人が多い。お笑いフェチが、だんだん少なくなっていることは事実です。

大下　お笑いフェチは、社員としてはどうなんでしょうか。

吉野　例えば、タレントのマネジメントをしたら、基本的にそのタレントに惚れこんでからなければいけません。タレントに惚れこんでいるマネージャーであれば、タレントが思いっきり飛躍することはあります。そういう意味では、マンパワーですよね。マネージャーには、タレントのお尻を叩いて、「あんなやれ、こんなやれ」と積極的に仕掛けるタイプと、「畏《かしこ》まりました」とあくまでもタレントを立てるタイプがいます。どっちのタイプが絶対にいいとは言えませんが、お尻を叩くくらいでないと、マネージャーは務まらないと思います。

大下　採用するときには、マネージャーとしてこのようなタイプだろうというのは、その時点ではわかりますか。

吉野　吉本の入社試験を受ける奴は、なぜか面接がみなうまいんですよ（笑）。

大下　まあ、芸人が好きだから、ちょっと芸人風のところもあるんでしょう。

吉野　面接術というんですか。みな、コロッと騙されるのね（笑）。最近、そう思いますねえ。

大下　理想像として、いちばんいいスタッフは、どういうタイプですか。

吉野　どれだけ仕事に没頭できるかですね。この商売というか、このビジネスは、芸人さんも含めて、この世界が好きでないとだめですね。商品が人間ですから、これぐらいおもしろいものはありません。そのときどきでは辛いこともありますが、ぼくらの年になって振り返ってみると、本当に苦しかったことなんか何にもありませんでした。そんなものは、まったく記憶に蘇《よみがえ》ってきませんね。楽しかったこと、嬉しかったこと、そんなことしか出てきません。でも、そこまで気づかずに辞めていくスタッフもいますね。それは惜しいですねえ。

大下　それは才能がないということですか。それとも、辛抱が足りなかっただけですか。

吉野　辛抱がなかっただけだと思います。「もう少しいれば、楽しい思い出が残るよ」と自分の体験談を話しても、辞めていく人は、やっぱり辞めていきます。せっかく本人がこの世界に入りたいということで来ているし、こちらにとっても眼鏡に適った人間ですから、そういう意味では、相思相愛という形で入って来るわけです。それを途中で挫折させるのは、こちらとすれば、何とも辛いなあという気はします。

タレントソフトは、非常に誇れるコンテンツだ

大下　「吉本興業とは何ですか」と外国人に聞かれたら、社長としては、どう答えられますか。

吉野　スマイルということでしょうか。日本人なら「お笑いですわ」というね。どこかに気楽さみたいなものがあります。理屈ではなしに、ほのぼのとしています。劇場が終わって、お客さんが出て来られたときに、みな、本当に微笑んでおられるわけです。その感動がどれだけ長時間もつかはわかりませんが、一瞬でもいいと思います。

大下　一瞬の間でも、姑にいじめられたりするのを忘れるだろうしね。

吉野　お年寄りになって、舅の立場で、孫にも相手にされない。そういう人が、パチンコ屋に行ってもお金が簡単になくなって、行くところもない。そんなのだったら、「ＮＧＫ」へ来て少しでも笑ってもらいたいです。

大下　ある種の癒しビジネスでもあるんでしょうね。

吉野　最近は医学的にも、笑いによって免疫力が非常に高まるといいます。われわれとしては、本当にみなさんから支持していただいている企業でもありますから、何らかの形でお返しできることを真剣にいま考えています。

大下　寝るときに、無理してでも笑って寝ると言いますが、そういう無理をしなくても自然に笑えるんだからいいことですよね。

吉野　そうですね。僕もストレスがたまると、劇場へ行って、タダでこう……（笑）。

大下　でも、冷静な気持ちで見られないんじゃないですか。もっとうまくやればいいと思って、かえってストレスがたまるのではないですか。

吉野　だから、たまに、僕が見に行くと、芸人が緊張するんですよ。

大下　それも、たまにはいいですね。「あっ、社長が見てる」と緊張する。

吉野　そのつもりで行っているのではなくて、僕は、あくまでちょっと笑いに行っているんですよ。三十分行くと、当然おもしろいものは笑いますから。

大下　今後は、どういう戦略を取ろうとしていますか。

吉野　基本的には、いままでメディアは地上波でした。しかし、昨今のメディアの多様化、インターネットの普及により、消費者の価値観、生活様式に影響をおよぼしています。一つのメディアの範囲が非常に広がってきているいま、いまはコンテンツ、コンテンツと言われていて、吉本興業には非常にたくさんのコンテンツがあるだろうと思われているみたいです。しかし、それほどたくさんはありません。むしろ、この豊富にいるタレントという人的ソフトを活かせる、われわれにとってはビジネスチャンスだと思っています。

人的なソフトについては、非常に豊富に持っています。もちろん会社は、九十四年もの歴史がありますが、いわばタレントさんであるとか芸人さんを支えるというか、人ですね。だから、マネージャーと、タレント・芸人さんとのコミュニケーションも含めて、非常にいい関係で出来上がっています。これは非常に誇れるものではないかと思います。その人的なコンテンツを、いろいろな媒体に適用できるようにどう作り上げていくか、基本的にこれから吉本興業の勝負でしょう。


前で述べたように、この対談は、平成十七年の暮れにおこなわれたものだが、その後の吉本興業の業績は、次のようになっている。

吉本興業の平成十八年九月期の連結中間決算は、売上高が、前年同月比四・四%減の二百十四億円、本業の儲けを示す営業利益が、一九・三%減の二十五億円となった。中間期に営業利益が減益となるのは、二年ぶり。コンテンツ（情報の中身）制作などの人員を増やしたため人件費が増加したことが利益を圧迫した。

前年同期に保有不動産の減損処理にともなう特別損失を計上したが、今期はこうした損失がなかったため、最終利益では過去最高となる五六・六%の十六億円を確保した。

売上の九割近くを占める制作部門では、テレビ番組の受注増加やNGKなどで公演回数を増やしたことにより、営業利益が一・二％増。単体の売上高も、九・六％増だった。

今後も、経営資源をタレントマネジメントやコンテンツ制作など中核事業に集中する方針だ。

吉野伊佐男社長は、語った。

「ネットを使った番組配信にも力を入れる」

通期の業績予想は、売上高を当初見通しから十億円増の四百五十億円に上方修正。最終利益は、三十億円を据え置いた。

吉本は平成二十一年TOB（株式公開買付）を行って上場を廃止し、より吉本色を強くして事業を拡大していった。ちなみに前年の平成二十年の売上高は五百一億円だった。

第三章

仁鶴、やすきよ、三枝、さんま

ブームを作った功労者たちの
熱い思いを知る

最大の功労者の一人、笑福亭仁鶴

昭和四十五年、大阪万博博覧会が開かれたこの年は、吉本興業にとっても大きな変革の年であった。それまでは、劇場が復活しつつあるものの、吉本の柱は、昭和三十九年に建設された西日本最大のボウリング場「吉本ボウル」であった。が、万博ブームに乗り、吉本の「花月劇場」にも客が殺到した。本来の演芸が、主力となったのである。

また、テレビ、ラジオにひっぱりだこのスターも生まれた。そのために、吉本の芸能プロダクションとしての基礎ができあがったといっても過言ではない。その最大の功労者の一人が、笑福亭仁鶴《しょうふくていにかく》である。

仁鶴が吉本興業に入ったのは、林家染丸のスカウトによるものであった。

昭和三十九年当時、吉本には、落語家は林家染丸しかいなかった。吉本の売り物は、吉本新喜劇であり、漫才であった。十日興行のメンバーが十組あるとすれば、落語家は当然林家染丸ひとり。それも、うめだ、なんば、京都と花月を持っていたため、二ヵ所にはまったく落語家が出ていないという状態であった。

上方落語協会会長を務めていた染丸は、せめてもうひとり落語家が必要だと切望していた。そのとき、ふとデパートで開かれていた落語会の前座に出ている落語家に眼がいった。

〈あの若手は、吉本向きやなあ〉

その若者が、仁鶴であった。

仁鶴は、染丸に連れられて、吉本興業の本社がある心斎橋二丁目の吉本ビルに行った。

担当者の八田竹男取締役に、染丸が薦《すす》めた。

「吉本に向いてると思います。商品としては、まちがいおまへんやろう。どないでっしゃろか」

八田は、承諾した。

「まあまあ、『京都花月』からポツポツ出てもらいましょか」

その「商品」という言葉に、仁鶴は、拒否反応を起こすどころか、逆に打ち震えた。

〈ええ言葉やなぁ〉

仁鶴は、その瞬間に自覚した。

〈自分は、しゃべる商品、やかましい商品である。もしも商品としての価値がなくなれば、吉本興業という店にはならべてもらえなくなる〉

染丸は、落語協会会長という立場から、松鶴に仁鶴の吉本入りを申し入れた。

松鶴は、一も二もなく承諾した。

「あれは、吉本のほうが向いてるかもしれまへんなあ」

本来なら、師匠の松鶴が所属する松竹芸能に入るのが筋である。が、染丸が見いだしたように、松鶴も仁鶴の才能は、吉本向きだと見抜いたのである。

昭和三十九年五月、仁鶴は「京都花月」で初高座に上がった。題目は、「くしゃみ講釈」。松鶴から教えてもらった噺のなかでも、得意にしている題目であった。落語会でも、評判がよかった。トップバッターで上がった仁鶴は、自信を持って話した。が、客はクスリとも笑わない。仁鶴は、冷や汗をかいた。

〈アマとプロの違いや〉

落語研究会は、お金を払っているとはいえ、落語が好きな人ばかりが客として来ていた。が、吉本を見に来ている客は、漫才や新喜劇を見に来ているのである。あまりの落差に、愕然とした。

〈なるほど、商売というのは、こんなにシビアなもんかいな〉

気落ちした仁鶴は、こんなことではこの日二度めの出番を気持ちよくやれないと思い、ぶらりと洋画を観に出た。が、観た洋画は人種差別の暗い映画であった。仁鶴は、よけいに落ち込んで楽屋にもどった。初興行の十日間は、惨憺たるできであった。試験期間である初興行の十日間で失敗すると、吉本を辞めなくてはならない。

仁鶴は、真剣に考えた。

「ヤングおー！おー！」で大阪落語界のギャグ王として一気にブレイク

その当時、吉本興業は映画館経営から演芸界に復帰したものの、ライバルの松竹芸能には大きく水をあけられていた。また、松竹新喜劇は、喜劇といっても、設定や、舞台装置、衣裳などがきっちりとしていた。たとえば、昭和五年のセッティングであれば、衣裳や背景だけでなく、セリフの言いまわしさえも昭和五年に合わせていた。

いっぽう、吉本新喜劇は、松竹新喜劇と異なったカラーで勝負していた。主人公から端役にいたるまで、出演者一人ひとりがおもしろい芝居をすることである。例えば、ひとりのボケに、まわりの全員がコケて笑わせる。単純明快で、わかりやすく、かつ、迫力をもってお客さんを笑わせる。吉本新喜劇は、手っ取り早いギャグの羅列でお客を笑わせる。

これは、仁鶴にとって、なによりの勉強になった。初代桂春団治に似通った面もあった。そこに、吉本興業の芸の原点のようなものがあった。

〈せっかく吉本に入れてもらったからには、吉本のお客さんによろこばれる落語をしなければならない。ストーリーよりも、とにかくおもしろいことを連発しよう〉

得意なギャグの羅列ということをやり始めた。どこから聞いても笑える、つまり、トイレからもどってきてそこから聞いたとしても笑うことができる話に徹底した。初代春団治のレコードを聞いていたおかげで、手っ取り早く笑わせるコツというものを、体が自然とおぼえていたのである。

仁鶴は、おもしろいと感じた話や出来事をメモ帳につけた。そのなかから、構想を練った。なるべく完結の早い話を、たくさん連発するようにした。勢いがつけば、どんどんアドリブをふやし、さらに勢いで笑わせる。仁鶴の試みは、成功した。初興行の失敗を心配していた八田取締役も、ホッとした笑顔を見せた。

「そんで、ええねん」

落語は、演芸場の形態からして、さまざまな芸のひとつとして披露する。仁鶴は、芝居と芝居、漫才と見せ物の間に、舞台に上がってお客を笑わせる。独り芸である落語と、複数の芝居、漫才、トランポリンや一輪車といった演芸では、おのずと迫力が違う。体を張ったトランポリンでひとを惹きつけたあとは、お客の目も散漫になる。

仁鶴は、新喜劇や、いわゆる、色物よりも目立つために、駆け足で舞台に上がった。そこで、奥まで声を響かせるために、大声でしゃべったり、後ろの席まではっきり見てもらえるように、ついに中腰で話したりもした。

さすがに、あまりにも派手な芸に、大阪落語会の先輩落語家からは非難を受けることはあった。しかし、吉本興業内からは、ほとんど批判めいた声はあがらなかった。

仁鶴も、自分の芸に疑いを抱かなかった。

〈うちの会社は、ここまでやってても認めてくれてる〉

安心感のようなものがあった。

仁鶴は、のちに振り返って思う。

〈もしも吉本興業のほうから、わしの派手なやり方を止められていれば、そのスタイルを続けることはできなかったろう〉

仁鶴にとっては、必死であった。結果的には時代の先端を走ったことになったが、当時はやむをえずそういう形にしたのだ、という気持ちが強かった。

仁鶴の評判は、上がった。ひと月の出番も十日から二十日、三十日全部と増えていった。

吉本興業には、年功序列という考えがそれほどなかった。上層部がつねに目を光らせていて、力があって商売になると判断すれば商売に徹する。仁鶴は、商売になると評価された。仁鶴の出番は、ベテランを抜いて奥へ奥へと深まって、最後の出番であるトリに近づいていく。

ただ、仁鶴の全盛期には、自分の芸が終わると、お客が帰ってしまうことだけは困った。自分のあとにも、新喜劇や先輩芸人の芸がある。先輩芸人たちからは「おれら仁鶴のあとかいな」と嫌がられた。

仁鶴は、はじめのうちは先輩たちに気兼ねしたものの、開き直った。

〈これぱっかりは、お客さんの気持ちやから、しょうがない〉

むしろ、内輪に気を使ってばかりいると、お客にそっぽを向かれてしまう。仁鶴は、思いなおした。

〈気は、お客さんに使うたほうがええ〉

仁鶴は、吉本興業に入ってついにトリを務めることになった。

昭和四十年、ラジオ番組のディレクターから深夜放送の司会の話が持ち込まれた。午前二時半から五時半という時間帯は、それまでは放送を止めていた時間帯である。が、東京では、かなりの深夜属がいるという調査結果が出た。

大阪でも試験的に深夜放送をしてみようという話になった。が、まさか売れっ子をディスクジョッキーに持っていくわけにはいかない。

若手でいい芸人がいないか、というので白羽の矢が立ったのが仁鶴であった。

仁鶴は、川柳コーナーや小咄コーナーを設け、当時の受験生を対象に番組を進めた。半分捨て時間のつもりだったため、仁鶴の好きなように番組が進行できた。仁鶴は、自分の好きな世界の名曲、世界の民謡、歌謡曲のなかでも大ヒットした曲、「ブルーシャトー」「帰ってきたヨッパライ」などを流した。仁鶴の世界を充分に発揮できた。

が、じつは、それは、仁鶴が昔からあたためていた企画であった。もし自由にさせてもらえるのなら自分ならこういう番組にしようと、先輩たちのやっていることを見聞きしながら構想を練っていたのである。

朝はさわやかに、昼は元気よく、夜は静かにという常識をぶち破るのが仁鶴の楽しみであった。深夜放送にかかわらず、朝にも、昼にも負けないくらいのハイテンションで番組を進めた。

落語家になった時点で、プロとしての番組の進め方を考えていたのである。

仁鶴が東京の舞台に初めて上がったのは、昭和四十年のことである。

仁鶴は、東京の舞台では、大阪特有の匂いを努めて薄くしようとした。大阪の舞台でのように派手なパフォーマンスも、そのままは使わなかった。大阪では、高座に上がった演者を遠巻きに見ている江戸の落語とは違って、お客にネタをぶち当てて、お客のなかに入っていく。話の筋立ても、とんでもないくらい飛んでしまうことも平気であった。たとえ一から十まである話のうち、一から八まで飛んでしまっても、関西のお客はついてくる。だが、当時の関東では、そこまで飛んでしまっては、お客はついてきてはくれなかった。一から始まれば、飛んでもせいぜい三。それだけストーリーを重視している。

大阪の舞台に上がったときのように、自分の個性を出してお客に親しげに入りこんでいくと、嫌がられた。そっちで、勝手にやってなさい、客席から見ていますから、という雰囲気があった。

仁鶴は、舞台に上がっていく出て行き方から、声のトーンまで、演じ方をあくまでも関東のお客に合わせた。東京では、笑いを、大阪のように文化だとは思っていない。東京は国会議事堂がそばにあり、大阪は中之島公会堂がそばにある。いってみれば、そのちがいだと仁鶴は言う。


昭和四十四年、毎日放送の「ヤングおー！おー！」で、仁鶴は、ついにテレビのレギュラー番組を持った。

それまでにも、深夜放送を聞いているリスナー（聴取者）から、「どうしてテレビに出ないんだ」というハガキが山のように寄せられた。

毎日放送からの話は、テレビでハガキを読むという企画であった。が、仁鶴は、ハガキを読むだけでなく、スタジオに来ている客とやりとりをしたり、アドリブをどんどん増やしていった。

仁鶴にとって、テレビとラジオの違いは感じなかった。ただ、ラジオは客の姿が見えないだけに、より慎重にリスナーからのハガキを読んだ。ハガキ一枚でリスナーの気持ちを惹きつけなければいけない、というプレッシャーもあった。

仁鶴は、つねにハガキを書いた人を、スタジオに来ている客と視聴者に意識させるようこころがけた。

ハガキを読んだあとで、かならずテレビを通し、ハガキを書いた人に「いまの読み方は、どうやったか」と訊く。「下手やなあと感じたら、そらあんたの書き方がまずいんや」とつけくわえる。そうすることによって、ハガキを書いた人が、自分も参加してるんだという気持ちをより強く持つようになる。それを見ている視聴者に、よし自分もハガキを出してみよう、という気にさせたのである。

客席に下りて行って、「この字なんて書いてあるのかわからへんのやけど」と問いかける。客が正解を答えると、すかさず「きみ、天才ちゃうか」ときりかえす。それで、ドッと観客が沸く。客の気持ちを摑みとるのである。せっかくスタジオに足を運んでくれた客にとって、自慢できるテレビの映り方というのを考えた結果である。

一枚のハガキを有効に使うと、十分でも二十分でも、あっという間に時間がすぎた。一時間で、六枚のハガキを紹介するところを、三枚で終わったこともあった。

いちばん難しい問題は、いかに熱気を出すかであった。何から何まで、アドリブまでも自分の考えでおこなおうとすると、どうしても自分が仕切ってしまって熱気が出ない。ハプニング的なアドリブがあるほうが、熱気は出る。そのバランスをいかにとるかに、頭を悩ませた。

ハプニング的なアドリブだけを期待すると、まったくはずしてしまった場合、収集がつかなくなる。最低限の進行のベースを念頭におきながら、いかにアドリブをちりばめるかが問題であった。

ただ、ラジオで鍛えられていただけに、これが受けたらこれは捨てても、勢いで持っていこうというかけひきは経験を積んでいた。仁鶴にとっては、ラジオで鍛えた三年間は大きなプラスであった。

仁鶴は、戒《いまし》めていることがあった。聞いている人、見ている人を徹底して侮辱したり、自分を生かすために他人をいじめることだけはすまい、ということであった。それをしたら、しまいだ。つまり、見終わったあとの残像というものが大事だ。それがわざわざ吉本に金を払って仁鶴の芸を見てくれる動員力につながると信じていた。

さて、林正之助にとっては、はじめのうち、テレビでただで仁鶴の芸を見られたんで商売にならんじゃないか、という杞憂があった。が、仁鶴の人気はそれを吹き飛ばした。仁鶴見たさに、劇場に客があふれたのである。仁鶴は、まわりの者に胸を張っていった。

「残像が大事や。そのためには、こっちにもうひとり、本名の岡本武士の自分がいる。仁鶴が夢中にしゃべっているように見せて、じつは夢中でない岡本が、『それは、やりすぎや』とブレーキをかけたりする。絶好調のときは、『三倍もっともっとやれ』と声をかける岡本がいる。それが必要や。厭味な笑いは一部にしか受けない。われわれは、世の中にさほど益になる仕事はしてへんけども、それならば、害だけはおよぼさない、それでやろうやないか」

仁鶴は、テレビ・ラジオの間《ま》と高座での落語の間の違いについて説明する。

「テレビとかラジオのしゃべりというのは、発散させないかんわけです。ためたらいかんわけです。考えてるふりして、間をとったりするとあかんわけです。ところが落語は、〝しこみ〟いうて、しこむところはぐっとためて、お客さんをひっぱっておいて、ツボのところでドンと発散する。それがなかなか難しかったです。落語会やっても、テレビやラジオで見たり聞いたりしたお客さんが来ますから、発散を望んで来てはるところへ、ぼくとしては落語というのはこういうもんですとやらないかんから、それが難しい。サービスしすぎたら落語にならず、控えすぎたらお客さんが期待はずれ。真ん中というのが難しいけど、それをこなす楽しみもあります」

仁鶴の人気は、昭和四十五年に開かれた大阪万博ブームに乗り、爆発した。千人が限度の「なんば花月」に、なんと、一日八千人もの客を呼びこんだ。吉本にとっても、予想を上回る人気であった。林裕章が、吉本興業社長時代に振り返った。

「あのときの仁鶴の人気は、やすし・きよし、さんまの人気の比やないです。とにかく仁鶴見たさにすずなりの人が劇場に集まった。テレビ・ラジオのレギュラーが、週に十本ですよ」

正之助会長も、愉快そうに仁鶴にいったことがある。

「仁鶴は、夏場のスイカやあるまいに、スイッチひねればどこにでも出とるなあ」

仁鶴が、正之助会長に認められたと感じたのは、吉本に入って十五年たってからだという。

吉本の古参の社員は、当時の仁鶴の人気のすごさを語る。

「とにかく、ダブルブッキングはおろか、トリプルブッキングもあった。さんまがいくら人気があるいうたかて、あの当時の仁鶴に比べたら、まだ余裕でっせ。あのときのノウハウがあるから、どんなに忙しくても対応できます」

日本一の漫才コンビ〝やすきよ〟誕生秘話

落語家仁鶴に対し、漫才部門で、吉本興業をひっぱり、吉本の芸人として全国区になったのが、横山やすし・西川きよしコンビであった。

コンビ名は、会社からは、「横山ベース・西川ボールでベース・ボールでどうだ」という意見も出た。が、やすし・きよしでいくことに自分たちで決めた。

最初はやすしがツッコミ役で、きよしは完全にボケ役であった。

翌昭和四十二年には、上方漫才大賞新人賞を獲得した。

当時、テレビに出ている漫才師は、かしまし娘、中田ダイマル・ラケットをはじめすべて松竹芸能の芸人であった。

やすし・きよしは、たまに声がかかる程度であった。

きよしは、闘志を見せ、やすしにいった。

「これは、負けてられへんで。何年かかるかわからんが、絶対にひっくりかえそうな」

最初は、暴力漫才であった。ふたりとも若く、しゃべりの腕がなかったせいもある。前衛音楽だといって、一斗缶で相方の頭をひっぱたいたりもした。当然、ベテランぞろいの松竹芸能の漫才師にはない芸である。それが功を奏したのか、しだいにテレビの仕事が増えていった。

このころ、吉本興業社長の林正之助が自宅でテレビを見ていて、やすし・きよしを見込んだ。

会社に出るや、八田竹男取締役を呼びつけた。

「八田君、昨日の夕方、家で飯を食べながらテレビを見とったら、やすし・きよしとかいう活きのいい新人が出とった。どこの会社か知らんが、金積んでもええから、引き抜いてこい」

「いえ、あれはうちの芸人ですよ」

「そうか。それ知らんかった」

正之助は、八田に言った。

「あのコンビ、いけるかもしれんなあ。応援してやれ」

正之助の後押しもあり、やすし・きよしの仕事は飛躍的に増えた。

やすしは、それまでずっとツッコミ役であった。が、ツッコミ役は、ストレスがたまり、ボケてみたいという気持ちが強くなる。なにしろ、売れてきて人前に出たときの反応が違う。

ボケ役のきよしの場合、「ああ、目玉のきよしさんや」とボケ役だけに親しみをこめて声をかけてくれる。

が、ツッコミ役のやすしの場合、ファンは、「あッ、やすしや」とちょっと引いた反応を示す。

いままで、やすしとコンビを組んでうまくいかなかった漫才師が、立派にやすし・きよしコンビとして売れたことに、一様におどろきの声をあげた。

きよしに、声をかけてくる。

「ちょっと、ちょっと、キー坊。どうやって、やすしさんに合わせてるんや」

やすしにしても、「コンビ別れの名人」とまで言われて、カッカしていた。本人とすれば、やりたかった漫才ができなかったからコンビ別れをしたんだと主張したかった。

きよしにしても、ここで一発当てるんだと、勝負をかけていた。自然と名コンビに育っていったのである。

意地の張り合いが続くと、コンビは別れてしまう。きよしは、三年間は、どんなことがあっても我慢してコンビを続けようと決めた。そのかわり、芸のなかで勝負してやると考えた。

やすしひとりでは笑いがとれないことを、自分が提案して笑いをとれば、やすしも見直す。事実、最初はやすしが主導権を握ってやっていたが、しだいにおたがいの意見をうまく取り入れるようになっていったのである。

天才やすしと、努力家きよしの快進撃

昭和四十五年から、やすし・きよしはスタイルを変えた。

それまでは、やすしがツッコミで、きよしの頭を叩いていた。が、それでは笑いが起きない。イメージからして、当たり前すぎたのだ。そこで、きよしがツッコミ役になり、やすしの頭をひっぱたく。すると、笑いが巻き起こった。やすしが、ボケ役をする。きよしがツッコミ役、というスタイルは、客に受けた。やすしの精神衛生も好転し、乗りに乗ってきた。このころ、ようやくスムーズに漫才のしゃべくりができるようになった。

それまでは、暴力的な動きとしゃべりの割合が八対二、七対三、六対四と徐々にバランスが取れてきて、五年かかってようやくバランスのとれた漫才ができるようになったのである。

きよしは、執拗にやすしに練習を迫った。が、やすしは、嫌った。

「大丈夫やて。二、三回も練習すれば、舞台でできるって」

きよしは、引かなかった。

「それができなかったからこそ、いままでコンビ別れしてきたんでしょう。仕事を増やすには、一にも二にも練習でしょう。違いますか。それやったら、なんでぼくをコンビに誘ったんや」

そこまで言われると、さすがのやすしも折れた。

「わかった。やるがな、やるがな」

私生活は、バラバラであった。が、舞台の上では、ピッタリと呼吸が合った。

やすしは、楽屋でエンジンをかけないと舞台で力を発揮できないタイプである。焼き玉エンジンのような状態にしておいて、そのまま舞台に出るのがいいのだ。

やすしが二日酔いで来たときは、きよしは楽屋にいるときからやすしを笑わせ、エンジンをかけるように努めた。

きよしは、切り出した。

「ええ匂いさせてるな」

「すまん、ゆうべ飲みすぎたかな」

「いや、そういうつもりで言うたんやないねん。ええ香水のにおいがしてるな、と思って」

するとやすしがニヤリと笑い、しだいにエンジンがかかってくる。

そこで、きよしがたたみかける。

どんなところに飲みに行ったのか、どんな女性がいたのか、自分が行っても、もてるのか。

すると、やすしは、笑いながら答える。

「もうええがな、しんどいがな」

これ以上しゃべらすなという意味である。その裏には、心配するな、舞台ではきっちりと仕事をしますよという意味がこめられているのである。

やすしのアドリブは、天才的である。が、どこに飛んで行くかは、相方のきよしにすらわからないという。きよしは、力説する。

「一つのネタは、五十回こなさないとできません。人前ではできませんから、人の見てないところで、何回も練習しましたよ。おぼえこまないと、できません。その前提で、脱線することはいいんです。が、そこまでには十年かかる。そこまでいくと、今度は壁にぶちあたる。そこで負けちゃいけないんです。もっと稽古する。そうすると、何気ないことで客が反応する。ああ、ここかと。その部分を広げていくんです。お客さんが、ああ次はこう言うんだなと予想していることと全然違うことをぶつける。そうすると、ワッと笑いがくる。そうなると、さらに勉強のために、本を読む必要も出てくる」

一番を目指すより二番目でいるほうがいい

きよしは、会社に顔を見せるたびに、正之助のもとに行った。

正之助は、注意した。

「飲む・打つ・買うも、ええやろ。しかし、客をよろこばすのが第一や。そこをよく考えな、あかんぞ、西川君。やすしのような破滅型の芸人を、おまえがいかに横に立ってうまく管理していくかや。しいていえば、アチャコの芸を身につけい。そして、センスは、エンタツの芸を身につけい。時代の先取り、学士タイプな。それを、きっちりやれよ」

正之助は、ことのほかやすしをかわいがった。

やすしには、ひそかに別の意見をしていた。

「おまえは、自分が破滅型ということをよく自覚してな。それのコンビネーションがおもしろいんやから。無茶してもええけど、あんまり人さまに迷惑かけるようなことはすなよ」

昭和四十五年、やすし、きよしのコンビは、ついに上方漫才大賞を受賞した。

が、十二月二日、事件が起こった。

やすしが無免許運転のうえ、タクシーと接触、タクシー運転手に乱暴を働いたのである。大阪地裁堺支部でおりた判決は、懲役三カ月、執行猶予二年というものであった。

当然、その間、謹慎となる。コンビとしての仕事はキャンセル。コンビ別れの危機であった。が、きよしはあくまでやすしを待ち続けることにした。

せっかく、上方漫才大賞を受賞したほどのコンビを解散させてなるものか、という思いがあった。きよしは、飯が食えるようになったのはやすしとコンビを組んだからで、いまさら裏切るわけにはいかないと決断した。きよしは、「きよしひとりでやれる仕事はひとりでやらしてあげればいいじゃないか」というまわりの意見にも支えられ、なんとか危機を乗り越えた。

二年後、やすし・きよしコンビは復活した。きよしは、復帰したやすしに変に気を使わせないように努めた。二年ぶりの舞台のやすしは、右手を大きくあげて、観客の拍手にさっそうと応えた。

やすし「まいど、横山だ。いまさっき、高ーい玄関のなかから帰ってまいりました」
きよし「みなさんの家にはないような、大きな門構えのところから帰ってきましたんや」
やすし「それだけやおまへん。ほかにも、長ーい階段があったな」

二年というブランクをまったく感じさせないできばえであった。

昭和五十年には、今度はおたがいがボケ役、ツッコミ役の分担を決めず、縦横無尽に、ボケ役、ツッコミ役をする。臨機応変にするというスタイルに変わった。

きよしは、舞台の袖から客を見て、そのときの客層を見てネタを決める。ほぼ、ひとつのネタは四百字詰めで二十五枚である。

が、やすしはあまりセリフをおぼえない。そのときの雰囲気や感覚で、やってのけるタイプである。それがやすしの魅力でもある。

舞台に出てから、ネタを決める場合もあった。主婦が多ければ家庭的な話、社会人が多い場合は、時事ネタ。最初の一分間で、大きな笑いを二つないし三つとらないとお客が乗ってこない。あまりに突拍子もないネタは、ふたりとも嫌いであった。あくまで自然な話のなかの意外性を追求した。

昭和五十二年、やすしは、ふたたびタクシーの運転手とトラブルを起こす。「かごかき」と発言し、裁判沙汰になってしまった。

が、本業では二度目の上方漫才大賞を受賞した。東京でのテレビの仕事は増えるいっぽうであった。

大阪でも、東京でも、どこに行っても人気は変わらない。きよしは、全国区になれた人気を分析する。

「いいネタであれば、関係ありません。ベタベタの大阪弁のやすしさんと、大阪にも東京にも距離をおいているぼくの言葉のコンビですからね。言葉がどうのという問題じゃないんです。ネタさえよければ、日本全国どこに行っても受けますよ。あとは、テレビや劇場に出る頻度でしょうね」

きよしは、東京と大阪の違いについてのべる。

「東京は、殿様がいて、家老がいて、という縦社会ですわ。大阪は、商人で、横のつながりを大事にする。そのかわり一度信用をなくすと、プチッと切られるように放される」

きよしが、漫才師としていちばんうれしいことは、客が帰り際にネタのことを話してくれるときだという。

「やすし・きよしが、こんなことを言ってたでしょう、とお客さんが話しているよ、というのを聞いたとき、ほんまにうれしいなと思いますわ。ただ単におもしろかったというのは、言ってくれますよ。けど、あんなことを言ったのがおもしろかったね、と言われることが増えるのは、ほんとにうれしいです」

やすし・きよしの漫才の完成度の高さは、いくらどちらが横道にそれた話を続けていても、どこかのバイパスでかならず出会う。それは、訓練のたまものである。

やすし・きよしは、決してつねに一番を目指していたわけではなかった。戦略としては、むしろ、雨風にさらされる一番よりも、二番目でいるほうが、新しい企画があがったときに、やすし・きよしも入れよう、ということになりやすい。その地位を保つことに力を入れた。

やすし・きよしは、例えば自分たちがダントツの一枚看板で、番組の視聴率のすべてを任されるという企画が来た場合、断ることもあった。

昭和六十一年七月、きよしは参議院選挙に出馬した。

大阪地区でトップ当選を果たしたきよしとやすしが再びコンビを組んだのは、十月四日の「うめだ花月」であった。

きよし「いまねぇ、法務委員会というところで、仕事をさしてもろうてます」
やすし「あんたの仕事かいな。どんな仕事や」
きよし「裁判所まわりとか、刑務所まわりとか行かしてもろうてます。勉強になるわ、ほんまに」
やすし「アホか、おまえは。わざわざ選挙に受かって、裁判所まわり、刑務所まわりかいな。それやったら、ワシのほうがくわしいやないかいな」

おたがいの持ち味をうまく出した、円熟の舞台であった。

きよしは、吉本の東京進出について、賛成をしている。が、危惧することもないではない。

「本家本元の大阪の吉本がおもしろくないと、東京でがんばっている若手たちも不安だと思いますよ。ぼくらは、吉本の舞台でトリを取るのがあこがれでした。そういう人たちが、吉本に少なくなっているような気がする。東京、全国進出はけっこうなんですが、やはり、おもろい大阪。吉本の原点を足腰の強いものにしておかないと、若手が何を目標にしてがんばったらいいか不安に感じるでしょうね」

きよしは、これからの芸人としての夢を語っていた。

「いつまでも、舞台やテレビに出たい。それも、おなさけやなしに、やっぱりおもろいな、と言われ続けたい」

が、やすしは、平成八年一月二十一日に死去。

きよしは、平成十六年に、任期満了して政界を引退した。平成十七年には、やすし・きよしは、上方演芸の殿堂入りをはたした。

関西大学「落語大学」のスター桂三枝

笑福亭仁鶴、やすし・きよしと同時期に彗星のようにあらわれたのが、桂三枝（現・桂文枝）であった。

三枝が、舞台に興味を持ったのは市岡商業に進んでからである。文学青年であった三枝は、演劇部に入った。岡本綺堂の『修善寺物語』など昔からある題材や、創作とまではいかないが、オリジナルの演劇の出演をてがけたりもした。

三枝は、二年生になると、演出家挨拶と称して舞台に上がり、しゃべったりもした。

三枝に影響をあたえたのが、一年先輩の直井正三である。直井はルーキー新一の実弟であった。直井は同級生とコンビを組んで、素人参加番組の「漫才教室」に出たりもした。

血は争えないもので、なかなか評判がよかった。

三枝は、直井の応援をしに行っているうちに、思うようになった。

〈自分でもコンビを組んで、「漫才教室」に出てやろう〉

三枝は、同級生の岩佐とコンビを組んだ。当初は、岩佐・河村で出ていた。が、おたがい芸名をつけてみようという話になった。三枝が「港屋ふられ」、相棒の岩佐が「福島すてられ」と称した。

台本は、三枝が書いた。役割は、三枝がツッコミで、岩佐がボケ役であった。

三枝が三年生になったとき、突然、先輩の直井が横山やすしとコンビを組み、プロの漫才師になったと聞いた。

三枝は、さっそく「なんば花月」まで見に行った。横山やすし・たかしのコンビで、テンポのある漫才であった。三枝は、あこがれのまなざしで見た。

そのとき、コントの最後に長靴姿で出てきて、一言、二言言葉を投げかけて観客の笑いをとっていたのが、西川きよしであった。

三枝は、漫才の世界にひかれた。が、母親にはとてもお笑いの方面に進みたいとはいえなかった。とりあえず進学なり、就職なりをしなければと考えた。

が、就職するにも就職難で、進学するにも演劇にのめりこみすぎていた。クラスで四十八人中、四十八番という成績を取ったときにはさすがに焦った。

三枝は、なんとか港郵便局に就職することができた。が、それで満足せず、大学進学を目指し、勤務を続けながら図書館、予備校に通った。夜には、ラジオの受験講座を聴きながら勉強した。

一年後、みごと関西大学商学部に合格した。四年間しっかりと勉強しよう、そう決意したのもつかの間であった。高校時代にコンビを組んでいた岩佐から、連絡がきた。岩佐の父親が魚の卸業をしている中央市場の演劇祭で漫才をやらないか、という誘いであった。

三枝が大学二年生になったとき、構内の掲示板に「落語大学募集」の張り紙が出ているのに目がいった。国文学科の飯田教授が主催で、桂米朝を呼んで落語会を開くとあった。

飯田教授に訊いてみると、東大のように古典芸能の落語を研究する会を作りたいということであった。

三枝は、ともかく生の落語を聞いてみようと思い、落語会に行ってみた。

ラジオで落語を聞いたことはあったが、漫才の中田ダイマル・ラケットにくらべてどこか辛気臭いと感じていた。が、桂米朝の生の落語を聞いて、考えが変わった。なんともいえない味があった。三枝は、「自分でもやってみたい」と強く感じた。

このとき、同じ二年生の林省之介に会った。林は、落語研究会を作りたいと熱っぽく語った。三枝をふくめ、それに同調する学生が集まった。

関西大学に「落語大学」という名称の落語研究会が結成された。

三枝は、実際にやってみると落語のおもしろさのとりこになった。他の落研の学生同様、落語をやるのは初めてである。が、高校時代に演劇をやり、素人漫才も経験している。他の部員たちよりも、数段早く、うまくなった。

三枝は、大ネタと呼ばれる「宿かえ」「くしゃみ講釈」「皿屋敷」などにキャンパスネタをとりまぜて、自分流にアレンジした。古本屋をまわり、初代桂春団治の落語が書かれた本を読んだり、古典落語本をあさった。それをすべて、自分流にアレンジした。

三枝の落語は、学生相手に受けに受けた。大学祭で、一躍人気者になった。

三枝は、三年生になると、まわりの部員におされ、学長に就任した。落研の名称が「落語大学」であるため、学長である。ロマンチックをもじった、「浪漫亭ちっく」という芸名もつけた。

人気者になった三枝は、軽音楽部の司会やロックバンドの司会に呼ばれる機会が増えた。三枝は、おもしろおかしく、ときにはチャチャを入れながら司会した。観客の学生は、バンドが出てくるよりも、司会役の三枝が出てくるとドッと歓声を上げた。

大学対抗バンド合戦では、関西大学チームの司会としてついていった。ゲストで来ていたジャズ評論家の小島マサオがバンドのことはそっちのけで、司会の三枝を賞賛した。

「司会のきみ、おもろいな。芸人になったらどうや」

三枝は、そのとき初めて思った。

〈司会者か。そういう道も、あるなあ〉

三枝の人気は、うなぎのぼりであった。写真部にいた一年後輩の学生が、三枝の写真を撮り、ブロマイドとして学生に売っていたほどであった。

落語に、司会にとのめりこんだ三枝であった。が、四年生になり、否が応でも就職活動をしなくてはいけなくなった。三枝は、住宅会社に就職の内定をとりつけた。

最後の大学祭のイベントとして、東西学生落語大会を思いついた。関西からは、近畿大学、関西大学、関西学院大学。関東からは、青山学院大学、法政大学、早稲田大学の落語研究会のメンバーを集め、対抗戦をやろうというのである。

三枝は夏休みを利用して、部費を手に、東京まで出場交渉に行った。東京駅に着いたのは、ちょうど昼であった。三枝は、ついでだから皇居でも見ようかと、丸の内に出た。ビルからサラリーマンがぞろぞろと出てくる。

三枝は、急に中原中也の詩が頭に浮かんだ。

「ああサイレンだ　サイレンだ

サラリーマンの昼休み

出てくるわ　出てくるわ……」

三枝は、自分の生涯をハッキリと見たような気持ちになった。

〈来年の春には、おれもこのなかのひとりになるんかいな……〉

関東の大学の出演交渉は、順調に進んだ。早稲田大学で人気の都家西北という芸名の学生と意気投合し、新宿のそば屋で酒をくみかわした。自然と将来の話になった。三枝が、訊いた。

「大学出たら、どうするんや」

「ぼくは、古今亭志ん生師匠に弟子入りしようかと思ってる。落語が好きだしね」

三枝は、反論した。

「本職になったら、好きな落語はでけへん。時間制限もあるし、真打になるには、それこそ何十年もかかる。それこそ、大ネタなんてやらせてもらえない。素人だからこそできる。

ぼくは、落語が好きだからこそ、素人でいたい」

大阪・千里山にある関西大学でおこなわれた東西学生落語大会は、大成功をおさめた。

三枝は、都家西北の落語に聞き入った。たしかにうまい。が、自分が負けているとは思わなかった。ふと、脳裏にうかんだ。

〈ぼくが就職して、仕事から帰ってきてビールを飲みながらテレビを見て、都家西北が落語家で出てたとしたら、ムカツクやろなあ〉

人生とはおもしろいもので、結局、三枝は、都家西北がプロの落語家になる、といったことに刺激を受けて自分が落語家になった。

都家西北は、三枝の言葉に影響を受けて、旅行会社に就職した。ツアーコンダクターとなって、お客さんに落語を聞かせているという。

三枝は、母親を安心させるには就職すべきだ、と頭ではわかっていても、どうしてもサラリーマンになりたくない、という気持ちを捨てきれずにいた。そのため、一度は就職したものの、プロをめざして芸人の世界へ飛び込んだ。

三枝、猫から強運をもらう

三枝の初舞台は、松竹芸能の「角座」でおこなわれていた「角座落語会」であった。

寄席は、十日をひと単位で興行する。大の月には三十一日まであり、晦日の一日があまる。「角座」では、大の月の晦日に若手を中心とした落語会が開かれていた。若手の数が少なかったので、三枝におよびがかかった。小文枝の弟子ではあったが、吉本に所属しているわけではなかったためである。

奇しくも三枝の初高座は、吉本ではなく松竹芸能の舞台であった。三枝は、「身売り屋」を一席ぶった。が、まったく客に受けない。三枝は、全身から冷や汗が吹き出るのを感じた。

〈これが、プロの洗礼か……〉

突然、場内が爆笑につつまれた。三枝は、何が起こったのかと観客を見た。観客は舞台を指差して笑っている。三枝の視界の端に、一匹の猫が映った。場内の案内役であるお茶子さんたちが飼っている猫が、舞台を横切ったのである。お茶子さんたちは、楽屋に置いてある芸人の衣裳をネズミが齧《かじ》らないように猫を飼っていた。

三枝は、挫折感で打ちひしがれた。青ざめた顔で、高座を下りた。

〈大学時代はあんなに受けていたのに。天狗の鼻を折られた思いや……〉

初代桂春団治にかわいがられたというお茶子さんが、三枝に声をかけてきた。

「あんた、よかったな」

「いえ、全然だめですわ」

「いや、初舞台で猫が歩いた人は、ぜったいに出世する。かしまし娘さんも、そうやったから」

かしまし娘は、女性三人トリオ漫才として人気絶頂であった。

〈ぼくにも、希望が持てるかな〉

三枝は、初舞台を振り返る。

「ちょうど、師匠に徹底して素人口調を直してもらってるときでしてね。師匠と同じ口調になっていたんです。物真似みたいなね。まだ、自分流にこなしきれてなかったんですね。若いのが、小文枝師匠の口調でしゃべっても、違和感があって受けませんよ。まだ、大学生のときの素人口調、上手口調でやったほうが受けたでしょうね。けど、落語家としては、それで止まってた。迫力のある芸人にはなれてないですね」

「ヤングおー!おー!」の成功と吉本入り

三枝は、師匠の桂小文枝をはじめ、他の落語家の口調を研究し、なんとか自分なりの口調を完成しようと努力した。

さらに、マスコミに取り上げてもらうよう行動を起こした。

三枝は、小文枝に申し出た。

「師匠、伊勢まで落語の旅をしたいと思ってるんですが。落語しながら、歩いて行ってきます」

小文枝は、おもしろがった。

「それはええことや。行ってこい」

三枝は、手甲脚絆《てっこうきゃはん》に草履《ぞうり》、背中に「桂三枝、上方落語家です。お伊勢参りの旅をしております」と書いた着物姿で出発した。失敗したときに洒落でしたと、言い訳ができるように出発は四月一日を選ぶという周到さであった。

また、ふと手にした女性週刊誌に、人間は三カ月ごとになにか新しいことを起こさないと気力を失ってしまうと書いてあるのを読み、三カ月に一度は初心にかえり、決意をあらたに行動を起こすと誓った。

笑福亭松鶴の弟子の笑福亭鶴光などの若手といっしょに、「トリの会」を結成。喫茶店で落語会を開き、話題を呼んだりもした。会の名前は、高座に最後に出るトリにひっかけてつけた。

三枝に毎日放送ラジオから声がかかったのは、小文枝に入門してから一年半後、二十四歳のときであった。

午前三時からの深夜放送のディスクジョッキーとして採用されたのである。まだまだ、口調は芸人としては完成されていなかった。が、受験生を中心とした若い世代には受けた。当初、司会者のサブの形で大阪の落語家を集めてテストがおこなわれた。スタジオには、一般の聴取者も来ていた。

三枝は、新しい映画のネタを披露した。それが、好評を得た。リスナー（聴取者）の受験生にとっては、大学生のような口調の三枝の話を聞き、隣の兄貴みたいに感じたのである。ディレクターも満足し、急遽週一回のレギュラージョッキーとしての起用が決定した。同じ落語家仲間からは、素人口調が直っていない。人気ばかり先行している、と非難を浴びた。が、心のなかでは思っていた。

〈石にかじりついても、人気者になってやる〉

三枝は、人気を得るために自分なりに工夫した。三枝の担当は、土曜日深夜三時からであった。ディレクターは午前零時すぎにスタジオに入る。三枝は、打ち合わせと称して師匠の家を早めに出て、午後十一時までにはスタジオに入った。

ディレクターの机の上には、リクエストのハガキなどが積まれている。

三枝は、そのハガキに目を通し、自分のことが少しでも書かれているハガキを抜き出す。それをひそかに持ち帰る。師匠の鞄《かばん》持ちで花月などをまわっているときに、暇をみつけては相手に返事を書いた。返事をもらったリスナーは、おどろく。まさか、ディスクジョッキーの三枝自身から返事をもらえるとは思っていないからである。三枝の人気は、じわりじわりと着実に広まっていった……。

昭和四十二年、毎年七月に大阪の服部緑地公園でおこなわれる「ヤンタン・フェスティバル」で、桂三枝の人気のほどが証明された。

三枝は、母親に頼んでとびきり派手な衣裳を作ってもらった。当時流行っていたグループ・サウンズ「タイガース」のメンバーが着ていた衣裳のように、手足にヒラヒラのフリルをつけてもらった。安いサテンの生地ではあったが、とにかく目立つように、とても落語家とは思えない衣裳を用意した。電車に乗り、服部緑地公園に向かった。電車のなかは、若者であふれかえっていた。あちこちで、話し声が聞こえる。

「桂三枝いうんは、どんなやつやろな。初めて見るんや」

「ぼくも、顔見るの、初めてや」

三枝が用意された楽屋に着くと、すでに各曜日のディスクジョッキーが勢ぞろいしていた。この日の司会を務める斎藤努が、まず特設舞台に飛び出した。

「ようこそーッ、斎藤努です」

観客から、ワーッという歓声があがる。斎藤は、次々とディスクジョッキーの名前を読み上げた。名前を呼ばれたディスクジョッキーの面々は、舞台に飛び出して行く。そのたびに、歓声があがった。

「さあ、それでは桂三枝さんを紹介しよう。桂三枝ーッ！」

三枝ははじかれたように舞台中央に飛び出した。その瞬間、観客のボルテージは頂点に達した。「ウォーッ！」という歓声が、公園内に響き渡った。三枝は、興奮した。

〈人気あるやないか。いける、いける〉

それからまもなく、三枝は、いつものように師匠の桂小文枝の鞄持ちで吉本の花月に入った。三枝は、舞台の袖のじゃまにならない場所で、「漫画トリオ」やほかの芸人の演芸を観ていた。三枝は、トントンと、軽く肩を叩く者がいた。振り返ると、中邨《なかむら》秀雄取締役（のち平成三年社長、十一年会長、十六年に退任）が立っていた。中邨が、誘った。

「吉本へ、けえへんか」

三枝は、天にも昇る気持ちであった。

〈とうとう、吉本から声がかかった。認められたんや！〉

三枝の名前売込み作戦は、聴取者であるリスナー向けだけではなかった。あるとき、番組のディレクターが人から名刺をもらい、無造作に名刺ボックスに放り込むのを目撃した。

三枝は、さっそく名刺を作った。ただし、普通の名刺のサイズよりも縦を長くした。しかも、三枝の名前と電話番号は、普通サイズよりはみ出た上の部分に印刷されている。これだと、名刺ボックスに入れられた場合、三枝の名前と電話番号だけが、特別に見えるということになる。

三枝の戦法が功を奏したのか、昭和四十三年、東京のＴＢＳラジオからディスクジョッキーの仕事が舞い込んだ。

三枝は、気負い立った。

〈いよいよ、東京や。たとえラジオの深夜放送といえども、蟻の一穴ということもある。いつか、流れを変えてやる。全国制覇への、第一歩や……〉

三枝が担当したのは、「ヤングタウン東京」の月曜日であった。あえて東京弁は使わなかった。といって、コテコテの大阪弁を使うつもりもなかった。大阪の人にも違和感を感じさせないように大阪弁のニュアンスは残して、とにかくわかりやすい言葉でしゃべることを心掛けた。

東京でも、人気が出るように作戦を練った。リスナーから送られてきたハガキで自分のことが書かれているハガキだけを取り出して、ディレクターの目に留まるところにそっと出しておいた。

いつの間にか、月曜日だけの担当であったのが、月曜日から水曜日まで、週三日を担当するようになった。

人気が出た三枝を、テレビ局が黙って放っておくわけがない。翌昭和四十四年七月、毎日放送「ヤングおー！おー！」に抜擢されたのである。

三枝は、ここで悩んだ。ラジオでは、人気が出た。が、人気はいずれなくなる。しかも、全国放送のテレビ出演となると、顔が全面的に出る。三枝の顔は、見ただけで笑いのとれる顔とは程遠い。どちらかというと、インテリっぽい優男である。

三枝は、上方落語界の大物のひとりである桂米朝に、相談した。

「師匠、仁鶴さんは、あのエラの張った顔で、『どんなんかな〜』っていえば、ドッと受けます。枝雀さんも、あのなんともいえん笑顔を見せると、客の顔も自然とほころぶ。ぼくの顔は、印象が薄いと思うんですけど」

米朝は、諭すようにいった。

「あのなあ、どんなおもろい顔でも、それだけで三分も笑いはとれん。やっぱり、内容やで」

三枝は、そのひと言でふっきれた。

〈そうや、自分なりの個性を出せばええ。無理矢理笑いをとるよりも、さわやかな印象、

やさしい印象でいこう。かっこよく見せるのも、作戦や〉

三枝は、舞台にレインコート姿で傘を持って出た。それで、いきなり満員電車のネタに入る。さらに、出囃子を音楽に変えたり、風の音、波の効果音だけのオリジナルも考え出した。落語界で初めての、女性ファンの追っかけがついた。

林裕章が、社長時代に、三枝についてふりかえった。

「わたしから見ても、正直、気障《きざ》なやつやなあって思いましたよ。喧嘩が弱いくせに女の子にはやたらもてる、みたいなのがいるでしょう。あんなタイプやと思った。でも、それが桂三枝の作戦だと、しばらくしたらわかりましたね。親父さん（林正之助会長）も、よろこんでましたよ。『三枝君は、頭のええやつや。ああいうインテリは、これから伸びる』いうてね」

吉本興業のタレントには、大学出の人間がいないではなかった。が、インテリの弱さで、大学出ということを利用できないでいた。逆に、大学を出ていることを隠したくらいである。が、三枝は、インテリに見えることを最大限に利用した。

当時、落語の若手三羽ガラスとして、笑福亭仁鶴、月亭可朝、桂三枝の名前があがっていた。さらに、漫才ではやすし・きよしが爆発的な人気を博していた。このなかで最初に人気が落ちるのは、三枝だと言われていた。やすし・きよしが出ると、子供からお年寄りまで呑みこんで、爆笑をさらっていた。三枝の笑いは、どうしても若者に限られてしまう。三枝は、そこでビジュアルにも訴えることにした。高座が終わると、パッと着物をからげる。すると、下には派手なステテコをはいているという具合である。さらに、幕が開くと、高座に後ろ向きで座っているということもためしてみた。

とにかく、ほかの落語家からは非難を浴びたが、割り切っていた。

〈やれるだけのことは、やろう〉

三枝にとって、ライバルは、やすし・きよしであった。

やすし・きよしの漫才を見て、痛感したことがある。

〈自分も、客の気持ちを早くとらえることができるギャグを持たないとだめだ。やすし・きよしの場合、やすしさん自身がギャグ、いや飛び道具やな〉

三枝は、今まで流行ったギャグを書き出してみた。

「アジャパー、ショック、ギョッ、無茶苦茶でござりまする……」

驚き語で、言葉が簡単なものばかりであることがあらためてわかった。

往年のチャンバラ映画の大スター大河内伝次郎の物真似で、オヨ～、アヨ～といっているうちにできたのが、三枝の「オヨヨ」であった。

さらに、客を早く摑むという発想から生まれたのが、三枝の「イラッシャーイ」である。

客は、この第一声で笑う。そうなると、後は自分のペースにもちこめるのである。

　ＣＭで流行語となった「グー」も、なにげない言葉である。が、なによりおぼえやすい。「ああ、それグーだな」を「あッグー」といったのがはじまりであった。三枝は、ラジオや番組のなかで評判がよかったので、ＣＭでも使ったのである。

超長寿番組「新婚さんいらっしゃい！」の持つ力

　昭和四十七年、三枝は、まだ学生であった真由美夫人と結婚したことで、仕事にも転機があらわれた。結婚によって、若い女のコたちからの支持がガクンと落ちた。三枝自身も、若者向けから脱皮して、大人向けの番組をやりたいと感じ始めていた。三枝は思いきって、深夜のラジオ番組を降ろしてもらった。降板にあたっては、いろいろと問題があったが、それでも、あえて踏み切った。

　昭和四十六年から朝日放送で司会を始めていた「新婚さんいらっしゃい！」の人気が高まっていった。「新婚さんいらっしゃい！」は、予選会で話を聞いたディレクターが選び、こういう夫婦ですと箇条書きにする。三枝は、箇条書きにされたメモを本番の一時間前に一度だけ目を通す。それで、頭に残ったエピソードは、インパクトの強いおもしろいエピソードとして使えるわけである。

三枝は、それから出演者の新婚夫婦に会う。相手は、ディレクターと打ち合わせをしている。そこにひょっこり顔を見せて、くだけた口調でいう。

「ダンドリは、すべて忘れてください。わたしは、本番で何を訊くかわかりませんから、これとこれを言おうと考えておられるのは、すべて忘れてください」

三枝は、それが自分流であると言い切る。

「瞬間創作落語であり、瞬間大喜利ですからね。いかに相手の笑いを咀嚼して、笑いを作るかです。司会をしているというよりも、いかに出演者といっしょに笑いを作り上げるかですね。やりとりは、アドリブです」

三枝は、ディレクターが引き出さなかった新しい話を引き出すことができれば最高だという。

「みてみい、こんな話がまだ残っとったやないか。なんで聞いてこれんかったんや、てな感じですわ。ときには、追い詰めてみたりね。緊張して、コチンコチンになったご主人が、突然に『あれこれありまして、なんだかんだで鼻かんだ』っていったんですよ。スタジオ爆笑、わたしもひっくり返りましたよ。計算して、出てくる言葉やないですよ。このへんのやりとりが、おもしろいですね」

京都に住んでいる外国人が、日本語をおぼえるために「新婚さんいらっしゃい！」を観ていて、三枝を評していった。

「あの司会者は、剣術使いだ。相手が引いたら打ち込む。出てくると、引いたり、かわしたりする」

友人からその話を聞かされた三枝は、感心したという。

「外国人で日本に興味がある人は、よう観てるんですね。まさに、言葉を使った剣術なんですよ。ニューヨークとかアトランタでも日本語放送で『新婚さんいらっしゃい！』をやってるみたいで、外国からもファンレターが届きますよ」

「新婚さんいらっしゃい！」は令和に入り四十七年目を迎えいまも人気番組として多くのファンの心を摑んで放さない。

三枝が語る林正之助会長の思い出

三枝にも、林正之助会長の思い出が深い。

「正之助会長は、ぼくに横山エンタツを見たんでしょうね。ぼくは、藤山寛美さんのあのすばらしい間《ま》、お客さんに背を向けても、背中で間をとれる絶妙さ。それに、西条凡児のセンス。事実からさりげなく入って、それを飛躍させて誇張する。たとえば、『今日飛び降り自殺の記事が出ていました。飛び降り経路を点線で書いてある。あのとおり飛び降りたかは知りませんで』ってなぐあいにスッと入っていける。それに、花菱アチャコさんの雰囲気ですね。芸人はギスギスしとったらだめですわ。正之助会長は、僕にエンタツ。きよしさんにアチャコ、やっさんに、春団治を見たんじゃないですかね」

さんまは、生涯の師と決めた〝本物〟に出会った

杉本高文、のちの明石家さんまが吉本興業と関わることになったのは、奈良商業高校三年の時である。

父親の恒に「大阪の予備校に、受験勉強に行く」と言っては、週に二回大阪や京都に出かけていた。じつは、さんまは、近鉄電車で一時間以上もかけて吉本興業の「なんば花月」に漫才を観に通っていたのである。

さんまは、アディダスのスポーツバッグに私服を詰め、授業が終わると近鉄奈良駅のトイレで制服を着替えて「うめだ花月」に向かうのである。

さんまは、「うめだ花月」についても、決して芸人の笑いの世界に身をあまんじなかった。薄暗い客席から観る舞台の、どの芸人の熱演にも、笑わなかった。

〈しょうもない。おもろい芸人なんて、いてへんやないか。これならおれの方が、もっとおもろいことやったるわ〉

そのさんまが「なんば花月」に通ううち、ようやく納得できる芸人に出会った。

〈なんちゅう、おもしろいオッサン！〉

さんまをうならせた芸人こそ、古典落語家の笑福亭松之助であった。

「CMと書いてコマーシャル。わたし、知りませんでした。センチメートルと読んでました」

「アムステルダムの早朝は早い。て、どこの朝かて、早いがな」

ギャグの連発に、さんまは心の底から笑っていた。

松之助の話は、視点が鋭いし、話を落とす間を心得ている。
二、三カ月通いつめて、ついに出会った本物であった。帰りの電車に揺られながら、考えていた。
〈そうや、あのひとの弟子になるんや！　あのひとやったら、かならずおれを一人前にしてくれるはずや！〉

雪の降る昭和四十八年十二月のある日、さんまは、「京都花月」の楽屋口にじっと立っていた。しばらくすると、お目当ての松之助が出てきた。

さんまは、松之助に向かい、とっさに声をかけた。「すみません」というつもりだったが、口から出てきた言葉は、まったく違う言葉であった。

「おい！」

緊張のあまり、うわずって声が出なかったのである。

長髪のガキに「おい！」と声をかけられた松之助は、一瞬「ギョ！」としてさんまを見た。

松之助は、ニコッと笑うとさんまに声をかけた。

「何のようで？」

さんまは、自分でも何をしゃべっているのか、まったくわからない。ただ、必死で弟子にして欲しいことだけを訴えた。

さんまの言葉に、松之助は圧倒された。とにかく早口で、しどろもどろなようでそうでもない。

「ま、ご飯食べに行こ」

寒さに震えてがちがちになっているさんまを、松之助は誘った。

さんまは、誘われるままに、ラーメン屋に連れていかれた。

「お前、なんでおれを選んだんや？」

松之助は、さんまにそう訊いた。

「センス、ありますさかい」

さんまはそう答えた。

黒い詰襟《つめえり》を着たひょろ長い男に、また松之助は馬鹿にされたような気がした。

「いや、センスあるというのは、ぼくとしては最大級の誉め言葉だと思ったんです」さんまの言葉である。

そうとうムッときたにもかかわらず、松之助はさんまにやさしかった。

さんまは、持ち前の明るさで、自己紹介をした。

「いま、高校三年です。じつは、『うめだ花月』にずっと通ってて、師匠の芸を見て感動したんです。それで、どうしても師匠んとこに弟子入りさせてもらいたくて、ずっと師匠の出てくるのを待ってたんです。生半可な気持ちじゃありません。どうかお願いします！」

松之助は、できてきたラーメンをさんまにすすめ、諭すようにいった。

「食えんぞ。ええのんか？」

さんまは、ラーメンに手をつけるのをやめて、松之助の方に向き直った。

「はいッ、やらしてもらえるんでしたら、なんでもします！」

さんまは、入門を許された。

昭和四十九年二月、高校を卒業したさんまは正式に笑福亭松之助に弟子入りした。

彼は、週に二回の割合で、師匠から古典落語を教わった。師匠の自宅で、師匠の正面に正座し、師匠が唱えた古典落語をなぞるかたちで暗記していくのである。

彼に、初めて仕事の話がきたのは、弟子入りしてから二カ月目の、四月の半ばのことであった。

まだ自分の芸名さえつけてもらっていなかった。が、当時、芸人の絶対数が少なかったせいで、彼は名無しのまま、ステージに立つはめになった。彼の仕事は、松之助の前座、いわゆる場つなぎであった。

彼は、そこで題材なしの自己流の漫談をすることになった。

初仕事が入ってから、松之助師匠は、彼に本腰で古典落語を教えてくれるようになった。

師匠と向かいあって、一対一で古典落語を教えてもらえるうれしさに、彼は、早起きも苦労もみんな忘れ去ってしまったのである。

六月になって、彼はようやく芸名をもらうことができた。

いつものように、朝、玄関の掃除をしていた彼のところへ、師匠が飛ぶようにしてやってきた。

「おい、杉本、やっとおまえの芸名が決まったぞ！」

師匠は、まだ息をきらしている。

彼は、つばをゴクリとのみこんだ。

「師匠、早く言ってください！」

「んッ、笑福亭さんまや」

「はッ？」

彼は、思わず聞きかえしてしまった。

すると、松之助はもう一度駄目押しした。

「笑福亭さんま、気にいったか？」

さんまは正直、ガックリした。

〈もうすこし、落語家らしい名前はないんかいな……〉

つい、気落ちしてしまった。

「さんまですか……」

「そや、さんまや。おまえの家もそうやし、おまえに似とるやろ」

さんまのひらきを作っている水産加工を営む実家から遠ざかるために、わざわざ師匠のところに弟子入りしたようなものなのに、芸名が、笑福亭さんまとは……。

さんま、東京への駆け落ち秘話

ところが、さんまは、恋に落ちてしまった。彼女と東京に駆け落ちすることに決め、師匠の笑福亭松之助のもとを去ることを打ち明けようとするが、なかなか口に出せない。

「師匠、あの……」

さんまは、一気に言ってしまおうと思った。が、どうしても「師匠」から先の言葉が出てこなかった。

〈せっかく親を説得して入った芸の世界を、心から惚れてもない女のために捨てても、ええんか！〉

松之助は、直感した。

〈こいつ、辞める気やな……〉

さんまは、意を決した。松之助にかしこまって言った。

「師匠、辞めさしてください」

松之助は思った。

〈こいつ、また悪いやつに引っかかっとんな。もどるところのないやつや、きっともどって来る……〉

松之助は、確信していた。松之助は、わざとさんまに言った。

「好きなようにせえ、わけは聞かん」

松之助は、そのままさんまの脇を通って玄関から出て行った。

さんまは、師匠のあまりにあっさりした態度に拍子抜けしていた。

〈まあ、見放されても、しゃあないなぁ……〉

東京への駆け落ち先である江戸川区新小岩のさんまのアパートに、大阪時代の友だちが迎えに来たのは、奈良を家出してから八カ月もたった、昭和五十年五月のゴールデン・ウィークのことであった。

「おまえ、何で芸能界辞めたのや。おまえやったら、いけるのに。大きいお金が目の前に落ちてるのに、もったいないやないか……」

その晩、さんまと駆け落ちした恋人は、決心した。次の日の朝、さんまがいつものように仕事に出るのを待って、彼女はさんまに手紙を書いた。

『わたしがいてたら、あなたは駄目になる。あなたは、あなたで生きていって。わたしは、一生あなた以外の人とは恋しない。やっぱり、あなたが一番だから。将来だれかと結婚するとしても、きっとお見合い結婚でしょうね』

彼女は、そうさんまに書き残すと、ひとりアパートを出て行った。

さんまは、東京都江戸川区の小岩駅前にある喫茶店で働きながら、客の前で芸も披露していた。いつも一冊の大学ノートを持ち歩いていた。ギャグやコントのネタを思いつくと、忘れないうちに、書き込むためであった。

〈もう、大学ノートも、書き込むところがないくらい、ギャグで埋めることができた。今夜の一世一代の舞台が終わったら、もう一回、大阪にもどって花を咲かせたい……〉

喫茶店で、毎日客を笑わせるのも、血みどろの修業であつた。


さんまは、ついに友だちに連れられて、昭和五十二年二月末、大阪に舞いもどった。その足で、師匠の松之助が出演している『京都花月』を訪ねた。

楽屋に松之助がもどってきた。

「師匠、すんませんでした」

さんまは、深々と頭をさげた。

さんまの全身から滲み出る、並々ならぬ気迫と覚悟を、松之助は見逃さなかった。

「わかっとる。何も言わんでも、わかっとる。来い。ごはん食べいこかー」

さんまは、師匠のあとに続いた。

再入門は、この瞬間に許されたのである。

さんまの胸に、熱いものがこみ上げてきた。

〈ようし、死んだ気になって、もう一度やりなおしたるで!〉

漫才コンビでデビュー、〝明石家さんま〟命名の裏話

昭和五十一年正月。年が明けてすぐ、さんまは、一月十五日の『11PM』に出演することが決まった。大阪、よみうりテレビ制作の『11PM』で、成人式を迎えた芸人の卵たちの特集を組むという。芸人の卵二十人と「二十歳の集い」という企画のコーナーに出演することが決まったのである。さんまにとって、初めてのテレビ出演である。

番組の内容は、今日から『成人』ということで、酒、埋草という話題から、番組の特徴上、セックスの話になった。初体験の話から、回数の話になり、体位の話になった。

名物司会者の藤本義一が言った。

「きみら、四十八手のほかに、知っとるもんないのか」

さんまは、それを受けて、われ先にと手を上げた。

藤本義一は、無名のさんまを指差して言った。

「お、元気いいなあ。おまえ、何、知っとんねん」

さんまは、思い切り大声で答えた。

「逆さ十字落し！」

スタジオ中、爆笑である。もちろん、そんな体位はない。

そのとき、ゲストとして出演していた横山やすしは、さんまのテレビ向きの性質を、見

抜いていた。

〈こいつは、使えるな……〉

横山は、本番中に、もう一度さんまの名前を尋ねた。

「おまえ、おもろいで。名前、なんちゅうねん」

「はい、笑福亭さんまです！」

さんまは、ここぞとばかりに大声で答えた。


さんまは、それから間もなく、松之助の弟子の一人、五所の家小禄とコンビを組まされた。

「コンビやったら、名前をつけんといかんなあ。小禄はええとしても、さんまはまだ落語家の名前やもんな……」

首をひねっている松之助は、思いついた、とばかりに掌を叩くと、さんまに言った。

「秋刀魚の本場といったら、明石沖や。わしの本名も明石徳三やし、どうや、笑福亭やなしに、明石家ってのはどうや」

明石家さんまの誕生であった。

小禄・さんまのコンビは、腕試しのつもりで、毎日放送の『若手漫才選手権』という番組に出演した。

『若手漫才選手権』は、デビューそこそこの若手芸人が、その芸の面白さを競い合って、どんどん勝ち抜いていくというものである。小禄・さんまのコンビは、他の若手をごぼう抜きにし、とうとう、決勝大会の最終四組に残った

この『若手漫才選手権』の実績が買われて、笑福亭松之助のもとに、小禄・さんまコンビへの仕事が、ぼつぼつ舞いこんできた。

依頼された仕事は、『前説』であった。

『前説』とは、テレビ中継のときの、本番と本番の間にある、美術セット換えのセットの組み立ての時間を利用して、見学客を飽きさせないよう、テレビの仕組みや、芸などで見物客を楽しませる仕事である。

寄席のテレビ中継のときであった。小禄とさんまは、いつものように十分ほど客を笑わせて、そろそろネタも終わりとなっていたときである。ここいらで、終わらせてもらおうと、ディレクターの方を見ると、いつもストップ・サインが出るはずの時間なのに、延ばせ延ばせという餅を伸ばすような仕草をする。

そのときであった。どうしようもなく、困ってしまった小禄が、さんまに突然ネタを振ってきた。

「ちょっと、小林繁の真似してみいや！」

そのころさんまは、どことなく巨人の小林繁投手に顔が似ていると評判であった。当時、江川卓が、ルール破りの巨人入りを果たし、身代りで、小林が阪神にトレードされたあとである。さんまが、テレビを見て、以前楽屋で物真似していたことを、とっさに小禄は思い出したのである。

小禄のリクエストで、さんまは小林投手の投球モーションの形態模写をした。すると、これがそっくりで、見学客は、ばかウケである。形態模写のウケたさんまは、ぞくぞくと思いつくままに形態模写を続けた。

『マワシのはずれた相撲とり』、『元巨人軍の堀内投手』、続いて『長島茂雄の引退劇』などを次々に披露した。

この芸は、さんまが東京にいたとき、喫茶店で、トイレを待っているお客のバツの悪さをリリーフするためにやっていたものであった。

ここで初めて、さんまの東京での生活が実を結んだのである。東京での苦闘生活が、さんまの飛躍の第一歩になった。

吉本興業がさんまのために考えた全国区売り出し作戦

そんなテレビ番組の前説をやるさんまの姿を、真剣に見ていた人物がいた。毎日放送テレビ制作第二部のプロデューサー、浜本忠義である。

浜本は、さっそく舞台の終わったさんまたちを、楽屋に訪ねた。

「わたしは、こういう者だけど……」

浜本は、ふたりにいきなり名刺を差し出した。

が、ふたりとも心当たりがない。名刺を受け取って小禄がいった。

「毎日放送って……いつも師匠がお世話になってますけど……今日はあいにく師匠とは別なんですが、何の御用でしょうが？」

浜本が言った。

「いや、きみらの師匠が誰かは知らんけど、おれが用事のあるのは、あんたや」

浜本は、そういうと奥にすわっていたさんまをじっと見た。

「ぼっ、ぼくですか？」

浜本は、さんまに言った。

「じつはな、さっきの小林繁投手の真似を見て、ええな、と思ったもんでな。おれは『ヤングおー！おー！』ちゅう番組のプロデューサーをしとる。一回、メシでも食えへんかなあ思うてやってきたんや」

『ヤングおー！おー！』は、昭和四十四年にはじまったテレビ番組である。月亭可朝、笑福亭仁鶴、桂三枝などが大活躍し、〝ザ・パンダ〟と呼ばれる、桂文珍、故林家小染、月亭八方、桂きん枝らが活躍する長寿番組である。

「ぼくは、いつでも」

さんまは、そういうと、ゴクリと唾《つば》を飲んだ。

「そう、じゃあ、明日の午後三時に、会社に来たってや」

浜本は、それだけ言い残すと、足早に楽屋を出て行った。

浜本は、さんま・小禄コンビを、とりあえず『ヤングおー！おー！』にゲストとして出演させた。そこで、さんまは、小林繁投手の形態模写を披露した。ヤング対象の番組で、さんまの物真似は馬鹿ウケであった。芸でなしに、物真似がこんなに受けるとは、さんま自身も思っていなかった。とにかく、舞台であろうが、テレビ番組であろうが、小林投手の真似さえすれば会場は沸きに沸いた。

このころ、さんまはまだ吉本興業に入社していなかった。すべて、師匠である松之助のあつかいになっていた。

さんまは、番組内で、西川のりお、よしお、島田紳助、松本竜介らと〝チンチラチン〟

というグループを組んだ。

お笑いのなかでもルックスのいいさんまが『ヤングおー！おー！』のレギュラーになると、彼の人気は鰻上りで上昇していった。

さんま熱の過激ぶりを見た吉本興業の木村政雄は、上司に申し出た。さんまに〝カネの成る木〟の匂いを感じたのである。

「笑福亭松之助さんのとこの、明石家さんまですが、売り出してみませんか」

「どないしてや」

「アイドルですよ。レコード出すんです」

「採算とれんのか」

「いけると思います」

吉本興業のパックアップを受けて、とうとうさんまの形態模写は、レコードになることになった。

レコード会社のパブリシティも合わせて、さんまのレコード『ミスター・アンダースロー』は全国のレコード店から流れ始めた。

おもしろくて、少し格好いい明石家さんまの名が全国に知れ渡った最初のきっかけであった。

『ミスター・アンダースロー』は、チャート・インを果たし六十八位まで上昇した。そのうち大阪での売り上げが八五％。木村の売り出し作戦は見事に当たった。

さんまは、大阪のアイドルになったのである。

東京の水がさんまに合った理由

さんまは、昭和五十二年六月に吉本興業に、正式にタレントとして入社した。

彼は、大阪で、若手漫才師としての地位を確立した。

さんまは、『ヤングおー！おー！』の司会者である桂三枝に特にかわいがられていた。三枝を尊敬していたこともあり、三枝のいいつけは何でも聞いた。下心があってしていたわけではない。単純に、先輩を立てようという意識からだけであった。

「おい、さんま、お茶持ってこい」

「はい、はい」

さんまは、三枝のマネージャー代わりに、動き回っていた。これが功を奏し、さんまは三枝のあとがまとして『ヤングおー！おー！』の司会を務めるまでになった。

三枝は、番組を離れてからもさんまのことを眼にかけていたのである。

昭和五十二年十二月、花月の楽屋にいたさんまのところに、三枝のマネージャーがやってきた。

「さんまさん。お正月、三枝さんといっしょに、東京で仕事ですわ」

「ほんまですか」

さんまの東京での初仕事は、『はつもうで、三枝の爆笑ヒットパレード』というバラエティ番組であった。

この番組は、視聴率もさることながら、さんまの運命を決定づけた。フジテレビのプロデューサー、横澤彪との出会いであった。

横澤は、さんまを自分がプロデューサーを務めていた番組『スター千一夜』に出演させたのである。

二十四歳になると、さんまのレギュラー番組は、いままでの倍の週に十四本になった。

一週間のうち、一睡もできない日が、二日もあった。それも、毎週、木曜、金曜と連続してである。

さんまは、思っていた。

〈芸の仕事で倒れるんなら本望や。人間の限界ちゅうのはどないなもんか、試してみようやないか〉

さんまは、毎週金曜日の夜になると、決まって体がしびれるようになった。

これほどの過酷さにもかかわらず、さんまの収入は元のままであった。
自分を売ってくれた吉本ではある。感謝こそすれ、恨みはない。が、忙しいのと貧乏の度合いとがあまりに釣り合いが取れない。
が、それはさんま一人のことだけではなかった。売れない芸人は、さんま以外にもごまんといるのである。
さんまは、自分と同じ下積み仲間を笑わせようと、童謡の『こいのぼり』の替え歌を作って、ことあるごとに歌っていた。
『ギャラより高い交通費ー、
大きなお金は吉本へ
小さいお金は芸人へー、
おもしろそうに流れてる』
これがまた馬鹿ウケして、先輩たちの耳に入るところとなった。
横澤は、さんまと会うたびに、さんま自身の仕事を東京中心に変えるよう、説得した。
さんまの東京進出が決まったのは、それから間もなくの昭和五十四年九月のことであった。
『ヤングおー！おー！』を担当していた構成作家が、ニッポン放送の『オールナイトニッポン』の第二部のメインパーソナリティーを依頼してきたのである。

吉本のスタッフは、さんまを東京に進出させるために、ドラマにも出演させることにした。さんまはじめての東京でのドラマは、ＴＢＳ日曜夜八時のゴールデンタイムの番組『天皇の料理番』であった。

堺正章扮する料理人のサクセスストーリーで、実在の人物をモデルにした原作のドラマ化であった。

さんまの役どころは、田中裕子との夫婦役である。

ラジオとテレビの全国放送二本立てで、さんまのタレントとしての地位は決定的なものとなった。

昭和五十五年、日本中を漫才ブームの波が駆け抜けた。ザ・ぼんちとＢ＆Ｂの爆発的な人気で、漫才は、単に漫才だけでは終わらなかった。歌手としてレコードを出し、お笑い界初の偉業、武道館コンサートをも成功させるに至った。

さんまも、漫才ブームに続け、とばかりに一人漫談として多くの舞台やテレビ番組に出演した。

昭和五十七年十月、フジテレビ土曜日夜八時から、『オレたちひょうきん族』の放送がはじまった。さんまは、番組の冒頭のコーナーである〝ひょうきんベストテン〟の司会を担当することになった。

さんまは、司会は初めてではなかった。同じ横澤のやっている『マンザイグランプリ』という番組で体験ずみであった。が、さんまは、司会進行役は、あまり好きではなかった。常時、画面に顔を出して、ゲストのフォローばかりする役は、さんまには合わないと思っていた。

ニュースキャスターの紳助と、かけあいをしながら巧妙に番組を回転させていく。テンポの速さと、ギャグのフォローは、それなりに視聴者の笑いを誘った。

が、ひょうきん族のメインは、やはり番組最後のビートたけしのドラマ『たけちゃんマン』である。

さんまも、ゴールデンタイムに放送の『ひょうきん族』がはじまってから、このたけちゃんマンに出演したいと思い続けていた。

〈おれがやったら、裏番組の『ドリフ』なんて、一コロや〉

当時、裏番組であるTBSの『8時だョ!全員集合』が視聴率を常時二〇%をキープするという人気ぶりであった。

さんまは、いつか自分がこの視聴率に打ち勝ってみせる、と心に誓っていた。

さんまが、『たけちゃんマン』に出演が決まったのは、高田純次の代役からであった。

高田は、正義の味方たけちゃんマンのドラマの中で、ビートたけし扮するたけちゃんマンに嫌がらせをする悪役、ブラックデビルの役で出演していた。その高田が、おたふく風邪にかかってしまったのである。

さんまは、黒装束に黄色の耳、大きく真っ赤に口を描いてブラックデビルを熱演した。

さんまは、ブラックデビルの正体をばらすとき、アドリブを入れた。

「クワッ、クワッ、クワッ、ばれたか！」

この「クワッ」という不気味な鳴き声が、子供たちの間で爆発的な人気を呼んだ。

ディレクターが、さんまにいった。

「あの『クエッ』とかいう鳴き声、最高じゃない。来週もやってよ」

一回だけのさんまの『たけちゃんマン』出演は、この鳴き声によって、二回が三回になった。さんまは、出演の度に寄妙な鳴き声を連発した。

この「クワッ」は、視聴者に非常に好評で、小学生がこぞって口真似をするるほどであった。

この『たけちゃんマン』への出演が、さんまの人気を決定的なものにした。

さんまとビートたけしの絶妙なかけあいで、『オレたちひょうきん族』の視聴率は、二〇％を上回った。

TBSの裏番組『8時だョ!全員集合』を完全にしのいだ。

昭和五十七年十月、フジテレビ『オレたちひょうきん族』のレギュラー放送決定と同時に、月曜日から金曜日までの昼十二時からの生放送一時間番組『笑っていいとも!』がスタートした。

プロデューサーの横澤彪は思っていた。

〈『笑っていいとも!』は、前番組の『笑ってる場合ですよ!』と完全に一線を画した番組にしよう〉

大阪の芸人中心だった『笑ってる場合ですよ!』の熱は、そのまま『ひょうきん族』に活きるようにし、『笑っていいとも!』では、タモリを司会にして、東京を発信地とした都会的笑いで攻めていこうということになった。

横澤は、その意味からも、ディレクターの佐藤義和に言っていた。

「『笑っていいとも!』には、『ひょうきん族』に起用したメンバーは、ことごとく使わない方がいいね」

佐藤も、プロデューサーである横澤の言うことには逆らえなかった。

が、ひょうきん族の「ひょうきんベストテン」のコーナーのディレクターもしている佐藤は、毎週さんまに言われていた。

『どうです、ぼくのこと、『いいとも』にも使ってくれへんか」

佐藤もきいた。

「なにか、さんまちゃんにいいコーナー案でもあったら、考えるけど……」

「考えます、考えますー」

さんまは、毎週金曜日の十分間コーナーとして、「珍品発明大集合」というコーナーを担当することになった。

『笑っていいとも！』がはじまってわずか半年、昭和五十八年四月に、さんまは、『笑っていいとも！』のレギュラー出演を果たした。

キングさんま、〝吉本の顔〟としての存在感

昭和六十一年、毎年恒例のNHK好感度調査で、さんまは、男性タレント部門の第一位に選ばれた。さんまは、さすがにうれしかった。が、いっぽうで複雑な思いもあった。

〈トップには、立ちとうない。トップは、タモリさんやたけしさんでええんや。トップになったら、あとは落ちるだけやないか……〉

人生は、頂点に立つよりも二番手につけている方が得策だと、さんまは、いつも思っていた。が、まだ実質的に頂点に立ったわけではない。世間には、やはり一位は、タモリと

たけしで、さんまは調子よく間を渡り歩いている、と見ている者もいた。さんまも、その方が気が楽だった。要領よく二人の意見をかわしてみせていた。が、そのさんまが、ついに名実ともにナンバーワンになるときが来た。

翌六十二年の新年のフジテレビの特別番組として、さんま、たけし、タモリの三人で「ゴルフ」番組を作ることになった。もちろん、仕掛人は、横澤彪プロデューサーである。お笑いの大御所三人が、一堂に会する番組とあって、番組は、制作発表と同時に話題を呼んだ。

さんまは、忙しさにかまけてゴルフは御無沙汰していた。マネージャーに頼んで、十二月の忙しい時期に入ったというのに、ゴルフの練習に出かけるため、無理矢理オフを作ってもらった。ようやくオフが取れた十二月九日、ワンラウンドが終わり、夕方近くなってクラブハウスで休んでいた。何気なく眼をやったテレビのブラウン管を見て、さんまは、思わず絶句した。

画面は、臨時ニュースを流していた。画面いっぱいに広がる大きな見出しは、『たけし逮捕』と出ていた。

たしには、妻以外に愛人がいた。十九歳の専門学校生である。その愛人が、写真週刊誌『フライデー』のカメラマンに追い回され、いやがらせまでされたという。

たけしは、自分の知名度のせいで、尋常ではない嫌がらせを受けた愛人の報復をするため、講談社のフライデー編集部に殴りこみをかけたのである。たけし軍団と呼ばれる自分の弟子たちも引き連れてのことであった。たけしとたけし軍団の面々は、傷害の現行犯で逮捕された。

たけし逮捕という、まったく予期せぬ事態に、マスコミ業界はあわてた。これからのたけしのスケジュールが、すべてキャンセルになってしまったのだ。たけしは、日本一の売れっ子芸人である。正月番組は、もう収録してしまった番組もある。していない番組も、ビートたけしというタレントをあてこんで企画されている。おいそれと代替番組は考えつかない。

ただでさえ忙しいお笑いタレントたちは、たけしという頂点の不在により、年末のあわただしさも合わせて、忙しさに拍車がかかった。

その一番の皺寄せが、さんまにきた。さんまは、たけしといっしょに超人気番組『オレたちひょうきん族』を担っている。その相方のたけしがいなくなったことで、いままで二分してきた〝笑い〟の責任が、全部自分にかかってくるようになった。

一人でやるのが無理なら、他のタレントを立てればいいじゃないか。スタッフからそういう意見も出たが、たけしの代わりがどこにいよう。

スタッフは、みんなで額を寄せ合った。

「本当に、さんまひとりで大丈夫なのか」

「そんなこといったって、急なんだから、それで作るしかないだろう。やってみなきゃわかんないじゃないか」

結局、さんまは、ひとりで番組を引き受けざるを得なくなった。番組の収録が終わり、たけし抜きの『ひょうきん族』がオンエアーされた。果たして、視聴率は、たけしの出ていたときと少しも変わらなかった。いや、一度だけじゃまだわからない。スタッフの心配をよそに、視聴率は平均二〇％をキープし続けたテレビ業界の人間は、ここでさんまの異常な人気ぶりを見せつけられる格好になった。

「たけしがいなくてもできる。さんまは、たけしを超えた」

この時期、そういう認識がテレビ業界を駆け巡った。

さんまは、あれほどなりたくないと願っていたナンバーワンの座を、偶然にもたけしの事故で手に入れたのである。

そして、今や吉本興業の中で別格の待遇を得て、文字通り、芸能界におけるNo．1芸人としての地位を築いた。吉本における最大の功労者である。彼に関して大崎会長も岡本社長も頭が上がらない。

第四章

創業者吉本せいの〝お笑い〟の思想

お客も芸人も「笑う門には福来たる」のはずだった

せいの、男顔負けの商魂とアイデア

「笑いの王国」の原形を作ったのは、NHKの朝ドラ『わろてんか』のモデルとなった吉本せいとその実弟の林正之助、林弘高兄弟である。

林正之助が、自分を語ることを好まなかったため、いまだ謎に包まれた部分の多いその源流をたどることによって、吉本せいの芸人造りのノウハウの秘密を探ってみよう。

吉本興業の社史「吉本八十年の歩み」によると、林兄弟は、上から、信之助・きく・せい・千代乃助・ふみ・正之助・ヨネ・富子・勝（弘高）・治雄の十人もいた。

父親の豊次郎は、兵庫県明石市で呉服屋を営んでいた。が、二女のせいが明治二十二年十二月五日に生まれてまもなく、大阪に出、天神橋筋で米屋を開いた。

明治四十三年四月八日、せいは豪商の別荘地帯であった大阪・上町の荒物問屋「箸吉」の若主人吉本吉兵衛に嫁いだ。日露戦争の好景気で、吉兵衛も道楽三昧に耽《ふけ》った。芸人を引き連れて大名遊びをするのが当時の流行《はや》りであった。

吉兵衛は娶《めと》ったばかりのせいに家業をおしつけ、遊びにうつつをぬかした。あげく、代々続いた店は、人手に渡った。吉兵衛夫婦は、天満宮そばの長屋へ移り住まざるをえなくなった。

頭のいいせいは、悩んだすえ、一石二鳥を狙った。商売にもなり、夫も立ち直ってくれるかもしれない。

「芸人との付き合いを生かした寄席を経営すれば、商売にもなり、夫も立ち直ってくれるかもしれない」

夫婦は、知り合いをかけずりまわり金を集めた。足りない分は、高利貸しからまで借りた。

天満天神裏にあった「第二文芸館」を、二百円で手に入れた。天満八軒と呼ばれ、第二文芸館のほかに七軒の小屋があった。賑わってはいたものの、寄席としては三流であった。

せいは、思い切って勝負に出た。

「まともな経営をしていたのでは、金利も返せへん」

一流の寄席の木戸銭二十銭の四分の一の、五銭寄席に踏み切ったのである。リーズナブルで、それでいておもしろい寄席にしてみせた。

せいの狙いは、的中した。第二文芸館は、連日大入り満員の盛況ぶりであった。

大正二年には、松島の「芦辺館」、福島の「龍虎館」、梅田の「松井座」、天六の「都座」を入手し、チェーン化に乗り出すまでになった。

夏になると、せいは寄席の前で冷し飴売りに精を出した。冷し飴の瓶を氷の上に並べ、手のひらでゴロゴロ転がしながら通行人に声をかけるという売り方を考案した。

それまでは、氷をぶちこんだ四斗樽やタライの中で瓶を冷やしていた。が、せいの発案した氷の上で直に冷やす方法は、冷える度合いも段違いであった。視覚的な効果も、抜群であった。冷し飴は、飛ぶように売れた。せいは、館内でも積極的に飲食物を売った。おかき、せんべい、あられ、焼きいか、落花生、豆板、ラムネ……。のどの乾きそうな食品ばかりだが、のどが渇けばラムネが売れる。

さらに、大人の男性客には、煙草の火をつける炭火入りの煙草盆と、キセルの貸出しもおこなった。冬場には、客の残したミカンの皮を拾い集めて乾燥し、薬種問屋に持ち込むことを考えついたのも、せいである。

翌大正三年には、大阪南区笠屋町に「吉本興業部」を設立した。お笑い以外の商売へ進出をめざしたせいの考えは、今日の吉本興業の仕事のあり方の礎となっている。

いっぽう、明治三十二年一月二十三日生まれ、せいより十歳年下で三男の正之助は、大阪市北区の第一盈進高等小学校を大正三年三月に卒業。兵庫県明石市の親類の呉服屋に、丁稚奉公に出された。タンスのような大型家具から、石鹸、歯磨きにいたるまで商っていた。

正之助に、実姉せいからの誘いがあったのは、大正六年の春のことである。

正之助は、すぐに大阪に戻ってきた。吉本興業部総監督を命じられた。十九歳であった。

せいは、大正七年、四軒の寄席から揭げた収益のすべてをそそぎこみ、ついに大阪を代表する寄席のひとつ「金沢亭」を傘下におさめた。落語家桂太郎の命名で、傘下の寄席を「花月」と改称した。

その話を聞いた正之助は、よろこんだ。

「花月か。ええ名前や。花のように咲き誇るか、月のように陰るか……どっちに転ぶか、勝負やな」

笑い不足のため東京の芸人を呼び寄せる

プロデューサーとしての正之助の初仕事は、大正十一年のことである。

当時熱狂的に流行した出雲地方の安来節《やすぎぶし》の芸人を、探しに出かけた。

正之助は、生まれて初めて洋服を着て、島根県出雲に出向いた。「手見せ」と称するオーディションで、これはと思う数人を選び、大阪へ送り込みすさまじい人気を呼んだ。

正之助の娘婿で、のち吉本興業社長となる林裕章（故人）が、後年、なぜ特別の芸でもない安来節がそのように受けたのか、正之助に訊いた。

正之助は、にやりとして打ち明けた。

「当時の安来節は、赤い色の腰巻きをヨイショとばかりにからげる。なまめかしい太ももがちらりと見えた。それだけで、『ワーッ！』と歓声が沸き起こった。当然、下着などはいていない。観客は、競って最前列のかぶりつきに殺到した。芸人の娘も、わざと妖しく太ももを見せたりした。

わしは、若くて顔のいい安来節の踊り手を見つけては大阪に送り込んだ、そやけど顔のいい娘に限って、すぐに出雲から電報が来る。『スグカエレ』。そういう娘は、出雲でも売れっ子やったのや」

安来節は、大当たりした。正之助は、プロデューサーとしても、非凡な才能を発揮したのである。

吉本は、勢いを駆って、東京・横浜・京都・神戸へも進出。二十七もの寄席を持ち、吉本の基礎が築かれた。

大正十二年九月一日、午前十一時五十八分四十四秒。関東地方を未曾有の大地震が襲った。この関東大震災により、東京は壊滅《かいめつ》状態に陥《おちい》った。

正之助は、一ヵ月後の十月初め、配下ふたりをともなって神戸から船で東京へ向かった。表向きは、被災した東京の芸人を見舞う、という触れ込みであった。が、狙いは違った。

「これを機会に、仕事のなくなった東京の一流芸人を口説き落として、大阪の寄席に出てもらうのや！」

東京の芸人は、気位が高い。これまで何度も呼びかけたが、なかなか大阪行きを承諾してくれなかった。この機なら、ひと押しすれば承知してくれるかもしれない、という考えがあった。

正之助は、落語界の大御所、四代目柳家小《やなぎやこ》さんを訪ね、口説いた。被災ですっかりまいっていた小さんは、一も二もなく飛びついた。

「しばらく、大阪に住まわしてもらいます」

大阪へやって来た小さんは、ミナミの畳屋町の一軒家に半年ほど住んだ。そこから、吉本の寄席に出て、満員の観客を集めた。

小さんの大阪行きは、思わぬ波紋を投げかけた。大御所の小さんが行くのならと、神田伯山《はくざん》、柳亭左楽《りゅうていさらく》、桂小文治《かつらこぶんじ》、三遊亭圓歌《さんゆうていえんか》などの一流どころが、大阪へ乗り込んできたのである。

とかく大阪の寄席を見下しがちだった東京の一流どころの芸人の偏見を、大いにあらためさせた。

せいによって作られた「萬歳《まんざい》ブーム夜明け前」

大正十三年、せいの夫である吉本吉兵衛が、三十九歳の若さで急死した。

正之助は、姉のせいを盛り立てて、実質的な采配を振るうようになった。

常に新しいものに興味を持つ正之助が、次の展開として選んだのが萬歳であった。

落語は、しゃべりはあるが、動きは少ない。もっと観客にアピールできる動きが必要だ。活動写真に負けない、動きの野放図《のほうず》なおもしろさは、萬歳しかない。

正之助は、確信した。

「そうや。萬歳や。これからの時代は、萬歳の時代や」

正之助の眼鏡にかなったのが、花菱《はなびし》アチャコであった。明治三十年七月十日、福井県勝山生まれのアチャコは、本名藤木徳郎。家業は仏壇屋であったが、十六歳のときに俳優を志して旅回りの劇団に入った。そこで、張り扇萬歳を習得したのである。アチャコは当時、浮世亭夢丸《うきよていゆめまる》と組み、萬歳に専念していた。舞台の上で、夢丸が弁士のように語るのに合わせて、髪を振り乱して暴れ回る。正之助は、その場で即決した。

〈この男や!〉

大正十五年、正之助は、大阪・北野の「青龍館」に出ていた花菱アチャコを引き抜き、吉本の専属にした。

吉本に入ったアチャコは、千歳屋今男《ちとせやいまお》とコンビを組んだ。が、萬歳の地位は低く、安来節や落語の時間つなぎのような扱いを受けたりした。落語家のなかには、露骨に同じ舞台に出るのを嫌がる者もいた。

〈これではあかん〉

正之助は、打開策を考えた。

昭和二年八月、競争相手の松竹と提携して、大阪・道頓堀の「弁天座」で「諸芸名人会」と銘打っての萬歳大会を開いた。松竹側が劇場を提供し、吉本側は芸人を出すという条件であった。

弁天座は、千五百席もある大劇場であった。そこで萬歳が成功をおさめれば、萬歳が世間に認められる。

正之助は、意気込み、萬歳師にも発破をかけた。

「ええか、ここが正念場やで。世の中で、体の中の毒を消すことができるのは、薬と笑いや。体に効く薬と違って、心に効く笑いは副作用の危険もないから、ええことずくめや。あんたらは、その尖兵やで。なんとしても、萬歳を世間に認めてもらわなあかんのや！」

正之助の思いが通じたのか、結果は大成功だった。

創業者である姉の吉本せいもいっていた。

「お客も芸人も一緒になって楽しみ、笑うのが萬歳や、言うやろ。笑う門には福来たる、や。だからわたしらは両方を大事にせにゃアカンのやで」

正之助が、花菱アチャコのつぎに眼をつけたのが、横山エンタツであった。

明治二十九年四月二十二日、兵庫県三田市生まれのエンタツは、本名石田正見。父親は、軍医をしていた。尋常小学校卒業がほとんどの時代に、中退とはいえ中学に進学したインテリであった。吉本の芸人に、当時中学まで進学した者はいなかった。

二十歳のときに満州（現・中国東北部）へ渡り、新派の一座に入った。各地を巡業し、日本へ戻ってからは、自分で一座を旗揚げしてアメリカへ出かけたりした。

正之助は、エンタツがアメリカから帰ったと聞くと、当時の支配人を行かせ、口説かせた。が、二度も断られた。正之助は、それでもあきらめきれず、自ら出向いた。正之助は後年、桂三枝にこのときのことを打ち明けている。

「あえて雨の日を選び、法被《はっぴ》を着て、ゴムの長靴をはいて、玉造に住むエンタツをたずねた。当時の玉造は、下水の水捌《は》けが悪く、膝のあたりまで水嵩《みずかさ》が増す。こんな雨のなかを……とエンタツに思わせ、心を動かす演出やった」

正之助は、エンタツを口説いた。

が、エンタツは、どうしても首を縦に振らなかった。

「わたしは、芸ができません」

正之助は、胸を叩いた。

「それでもええ。わしに任せたら、責任持って日本一の萬歳師にしたる。任せとけ。もしわしがいうたとおりにならなかったら、そのときは、ケツまくれ」

エンタツが、ようやく承知したのは、昭和五年のことである。

ちょうどこの年、正之助は、千日前の「南洋館」で十銭萬歳を試みた。昭和三年の金融恐慌の余波がおさまらず、不景気が続いていた。不景気の憂さを晴らしてもらおうと「十銭萬歳」の大旗を軒から吊し、客を呼んだ。収容人数二百十席という小さな小屋で、あえて十銭の入場料という試みは、みごとに成功したのである。

正之助は、横山エンタツ・花菱アチャコのコンビに、これからの萬歳の夢を賭けた。

正之助には、考えがあった。それまでの萬歳といえば、紋付・袴姿で、手には鼓と扇子というものであった。正之助は、「それでは客にあきられてしまう。これからはスマートさとスピーディさが必要とされる。芸達者で、それでいておトボケのアチャコと、インテリで、満州やアメリカにも渡ったことがあるエンタツとで斬新なコンビを結成させよう」と決心したのである。

当時、アメリカではローレル&ハーディという喜劇役者のコンビが大人気であった。それを見習い、正之助はエンタツ・アチャコのコンビに、洋服を着せた。

しゃべくりだけの掛け合い萬歳で、「キミ」「ボク」と呼び合うのも斬新であった。

お笑い界のレジェンド、エンタツ・アチャコを生んだ

昭和五年五月、エンタツの住む玉造にあった「三光館」で、エンタツ・アチャココンビは、初めて高座に上がった。

結成された当初は、不評の声もあがった。が、しばらく続けるうちに、若い客から「おもしろい」という意見が出始めた。

半年後には、吉本でいちばん格式の高い「南地花月」の舞台に立つまでに成長したのである。

正之助は、この年、東京の大物落語家柳家金語楼《きんごろう》を口説き落とした。

金語楼は、明治三十四年三月二十八日、東京・芝区に生まれた。六歳のときに初高座に上がった、根っからの落語家である。この年、昭和五年には春風亭柳橋《しゅんぷうていりゅうきょう》と日本芸術協会を作り副会長に就任していた。

元祖掛け合い漫才を「読む」

昭和八年に吉本興業は、それまでの「萬歳」を「漫才」と改める。

エンタツ・アチャコの若い漫才コンビの斬新なおもしろさは受けに受けた。背広姿で、エンタツは眼鏡をかけて、ちょび髭まではやしている。いままでは、客に失礼だとどれも禁止されていたスタイルである。

エンタツ・アチャコの傑作漫才「早慶戦」は、昭和八年の秋に作られた。

エンタツ「早慶戦……。なんといっても野球は早慶戦にかぎりますね」
アチャコ「まったく、天下の早慶戦です」
エンタツ「それはそうと、あれは相手はどこでしたかいな」
アチャコ「えっ、相手……。いえ、早慶戦の話をしてるんですよ」
エンタツ「早慶戦はわかってますけど、その相手ですがな。つまり早慶対どこそことか……」

ここで、アチャコがラジオのアナウンサー口調になる。

アチャコ「……振りかぶって第二球、投げました。ボール、少し近めの球」
エンタツ「ええ、近眼の球」
アチャコ「チョコチョコ相手になるな。……第三球、大きくワインドアップ」
エンタツ「第三球はハンドバッグ」
アチャコ「やかましい男やなあ。第三球、ストライク、大胆にも」

エンタツ「大胆にも不敵にも」
アチャコ「何をいうてるのや、きみは……。大胆にもプレートの真ん中に投げ込みました。ストライク。打者見送って……」
エンタツ「泣きの涙で」
アチャコ「なんでやねん……。打者見送って、ボールカウント、ワン・アンド・ツー、アッ、二塁牽制」
エンタツ（浪花節で）「傾城に誠ないとは誰がいうた。誠あるまで通いもせずウウ……」
アチャコ「そんな怪しげな声出すな。……二塁牽制。ショート入りましたが、タッチならず、危うくセーフ」
エンタツ「セーフ、セーフって、これやっぱり政府の仕事ですか」
アチャコ「何をいうてるのや……。バッテリー間のサイン、きわめて慎重。第四球、投げました。打ちました。大きな当たり、レフト、センター間を抜いた。ヒット、ヒット、ヒット」
エンタツ「ヒット、ヒット、人殺し」
アチャコ「球はぐんぐん延びています、延びています」
エンタツ「来年まで延びています」

アチャコ「そない延びるかいな。……レフト、センター、ともにバック、バック」

エンタツ「オールバック」

アチャコ「理髪店やがな……。ランナー、二塁を越え三塁、三塁を越えてホーム」

エンタツ「ホームを越えてレフトへ」

　エンタツ・アチャコはこの「早慶戦」で人気を不動のものとする。

　昭和九年九月九日、大阪・法善寺花月からの中継で、大阪で初めてのラジオの寄席中継がおこなわれた。

　この中継で放送されたエンタツ・アチャコの「早慶戦」は、爆発的な人気を呼んだ。エンタツ・アチャコは全国区となった。が、皮肉なことに、この日がエンタツ・アチャコのコンビ別れの日であった。

　翌日、アチャコは悪化させていた中耳炎で、日赤病院に入院するはめになった。入院は、ひと月にもおよんだ。

　退院してきたアチャコを待っていたのは、エンタツが見切りをつけて、すでに杉浦エノスケとコンビを組んでいる、という現実だった。

　エンタツ・アチャコのコンビ解消については、林裕章が社長時代、筆者に、正之助から次のように聞いたと語った。

「コンビ解消させたんは、じつは、わしの責任や。スターを分けて、それぞれで活躍させようと石田（エンタツ）の意見を認めたんや。藤木（アチャコ）には、かわいそうなことをした」

正之助をはじめ、橋本たちは芸人を本名で呼ぶことが多かった。エンタツと別れたアチャコは、もとの相方である千歳屋今男《ちとせやいまお》と組むことになる。

橋本は、アチャコのためにあたらしい仕事を考えた。映画であった。

橋本の知人に、日活の制作部長がいた。橋本が、「藤木を使ってくれないか」と頼んだところ、長谷川一夫主演の「銭形平次」の子分下っ引きのハチ役があるという。アチャコは、長谷川一夫扮する平次と並んで歩くシーンで、役者としても非凡な才能を持っていることを披露した。

長谷川一夫が、感心したように橋本にいった。

「アチャコさんのことで、いっておきたい。たんなる漫才師ではないですよ。役者で、あれほど考えてる人はいないですよ」

「どんなことです」

「わたしは、ご承知のとおり背が小さい。アチャコさんは、大柄です。わたしが親分で、アチャコさんは子分役です。いっしょに歩くシーンでは、監督に言われないのに、わたしのずっと後ろに下がる。主役を立てる演技をしなきゃいけないというのが、アチャコさんの頭の中にあるんでしょうね」

正之助は、アチャコの映画進出がうまくいったことに味をしめた。スクリーンだけでエンタツ・アチャコのコンビを復活させたのである。

エンタツ・アチャコの第一作は、ＰＣＬ（東宝の前身）・吉本提携の「あきれた連中」である。ＰＣＬとの提携は、東京支社長の弘高が話を進めた結果であった。「あきれた連中」は、昭和十一年の新春に封切られ、大ヒットとなった。

ゴッドマザーせいの死によって二代目林正之助の時代へ

盛況をむかえた吉本であった。が、昭和十二年七月の盧溝橋事件にはじまる日中戦争が、吉本の運命を大きく変えることになる。

昭和十三年一月、大阪朝日新聞社主催の「皇軍慰問団」として、吉本は「わらわし隊」を派遣した。せいは、軍に協力をおしまなかった。一個小隊が大阪ミナミ・宗右衛門町の旅館に泊まったとき、せいは、夕飯百二十人分を運んだ。慰問の演芸をおこなったりもした。

昭和二十年八月十五日、終戦の日をむかえた。正之助は集まった芸人、職員にいい渡した。

「戦争で死んだもんもおる。小屋も、焼けた。借金は帳消しになるさかい、これで解散や」

ただひとり、アチャコだけが、正之助のそばを離れなかった。

「御大から離れることは、できまへん」

吉本復興は、映画館再興からはじまった。連合軍最高司令官のマッカーサーからの押しつけの洋画の上映が義務づけられた。娯楽に飢えていたせいか、どの映画館も人であふれた。

が、建物の改築、新築におわれて、吉本の内情は火の車であった。

正之助は、映画だけでなく、京都・祇園の歌舞練場を十年契約で借り受け、そこに進駐軍相手のキャバレー「グランド京都」を設けた。そして、事務所に泊まり込み、陣頭指揮をとった。

昭和二十三年一月七日には、吉本は資本金六百五十万円の株式会社となっていた。

体調を崩していたせいは、一線を退き会長に就任した。正之助が、社長の座についた。

二年後の昭和二十五年三月十四日、吉本興業の創業者として盛り立ててきたせいが六十二歳で亡くなった。

　正之助にとって、後ろ盾であったせいの死は重いものであった。これからは、正之助がひとりで再建に乗り出すことになる。

　のち、娘婿の林裕章は、運転手のいない日曜日は、運転手のかわりに自ら正之助の車を運転していた。裕章は、八十八歳になった正之助に、車を運転しながら訊いたことがある。

「おやっさん、何が楽しみですか」

「若い女触ろうとしても、怖いしな。あの世で、姉さんに、正之助ようやったなって、ほめてもらいたい……」

　正之助にとって、いつまでも、姉のせいの存在は大きかったのである。

「吉本新喜劇」の小さな大スター白木みのる

　昭和三十三年晩秋。橋本と事業部次長であった八田竹男は、正之助に訴えた。

「手がけていたプロレス興行から手を引き、映画も頭うちです。ここらで、本業にもどりませんか」

　正之助は、弘高といっしょに「日本プロレスリング興行株式会社」の取締役を務め、力道山で爆発的人気を博していたプロレス興行も手がけていた。が、いまは手を引いていた。

正之助が、ギロリとふたりを睨んだ。

「演芸をやるいうんかい。失敗したら、どないすんねん。おまえらが、責任取るんか。腹切るか」

橋本が、いいかえした。

「責任は、社長であるあんたが取るべきでしょう」

正之助は、しばらく思案した。おもむろに、口を開いた。

「芸人は、おるんか。藤木（アチャコ）ひとりじゃ、どうにもならんやろ」

橋本が、答えた。

「芸人は、探します。ひとつ、提案があるんだが、バラエティにすればどうやろか」

「バラエティ？」

「コントでもドタバタでも漫才でも、なんでもありということや。吉本バラエティ、これでいこう」

それでも、正之助は慎重であった。

「ほんまに、だいじょうぶなんやな」

「いままでは、ＧＨＱ（連合国軍総司令部）の指導で丁髷《ちょんまげ》やチャンバラはご法度だった。それも、なくなった。おもしろいものが、できるよ」

橋本は、芸人をみつけるために、東奔西走した。ラジオ番組の司会をしていた大久保怜の弟子の大村崑《こん》や声帯模写をしていた藤田まこと、さらに子役の中山千夏などに声をかけた。

昭和三十四年三月一日、「うめだ花月」が開場した。

が、地下にあった東映映画館を改装したもので、吉本の柱というにはほど遠いものであった。おなじ日に開局した大阪の民放、毎日放送に合わせてのことであった。吉本は、毎日放送と契約を結び、劇場中継の権利を売ったのである。

毎日放送は、金がかからず視聴率がとれるものはないかと探していた。プロデューサーが連日吉本の事務所にやってきて、放送部門の責任者の中邨《なかむら》秀雄と、方法について打ち合わせを重ね、その結果、吉本バラエティの劇場中継が決定したのである。

一日三回興行で、入場料は百五十円であった。

吉本バラエティの出し物は、「アチャコの迷月赤城山」。アチャコのほかに、橋本が集めてきた佐々木十郎《ささきじゅうろう》、大村崑、芦屋小雁《あしやこがん》、中山千夏などが出演した。

脚本は、花登筺《はなとこばこ》であった。八田が口説いたのである。

吉本バラエティが動きだしたころ、劇場課長の高山浩が、橋本のもとに報告に来た。

「橋本専務、わたしの故郷の山陰のどさまわりの劇団で、子供が座長を務める劇団があるんです。とにかく、人気があります。いま、新世界の旅館にその座長を泊めてるんですわ。会ってやってくれませんか」

橋本は、即答した。

「高山君、たいしたもんやないか。すぐに、その子供を連れてきなさい」

橋本の前で少年は、ボーイソプラノで、得意の歌謡曲を何曲かうたいあげた。

橋本は、あまりの歌のうまさに舌を巻いた。

「高山君。すごいなあ。座長だから、芝居もできるんだろう。歌も、プロやな。なんでもこいやなあ」

「そうですねん。のど自慢に出たら、優勝まちがいなしでっせ」

橋本は、帰宅してふと思い出した。

〈そうや、教育基本法が変わったんやったな。子役を舞台に上げる場合、小学校の教員免許を持ってる人がついてないとだめになったんや。あの子は、あきらめるしかないな〉

翌日、橋本は会社に着くなり、高山君を呼んだ。

「高山君、教育基本法の規定にひっかかるんや。もったいないけど、昨日のあの子はあきらめよう」

高山は、にやりとした。

「専務、やっぱり気がつかなかったんですか。子供やありませんねん」

「ほんとうか⁉」

「まちがいありません。彼の弟も役者ですが、立派な青年です」

橋本の顔が、ほころんだ。

「そうか、子供やないんか。そしたら、さっそく芸名を考えなあかんな。柏木彰じゃ、かたすぎる。どやろ、柏をばらしたら、白木になる。名のほうは、子供らしい、かわいらしくて、げんのいいのがええな……ひらがなで、みのるでどうや、白木みのる。これでいこか」

吉本には、ぞくぞくと人材があつまってきた。

同じ時期に、のちにコメディＮｏ．１として漫才を組む前田五郎と「アホの坂田」こと坂田利夫も入社している。

毎日テレビで、「番頭はんと丁稚《でっち》どん」の放送が開始された。大村崑、佐々木十郎、芦《あし》屋雁之助《やがんのすけ》などが出演し、いちやく人気者となった。

テレビの影響力は、想像を上回るものであった。吉本は、積極的にテレビ放映に力を入れていくことになる。

第五章

「カネの成る木」を生む発想力

聖地NGK（なんばグランド花月）から始まった全国制覇の手段

「花月は、混ぜご飯や、漫才だけではなくいろんなもんが入ってないといかん」

昭和六十二年十一月、大阪市中央区難波千日前の吉本会館に、収容人数約九百人を誇る「NGK（なんばグランド花月）」が設立された。

大阪の劇場はそれまでの、梅田の「うめだ花月」、難波の「なんば花月劇場」に加えて、三つとなった。横山やすし・西川きよしのコンビも元気で、昭和五十五年にフジテレビの「THE MANZAI」によって火が点いたMANZAIブームの後半に出てきた、オール阪神・巨人、今いくよ・くるよ、宮川大助・花子も、舞台を賑わせた。さらに、ダウンタウン、トミーズといった若手も育ってきた。

しかし、「NGK」は、それまでのふたつの劇場との差別化を図るために、ツーウェイシアター制にした。昼の部では、演芸と中国の雑技団をはじめとしたショーを上演する。

夜の部では、アメリカのロサンゼルスでオーディションをして選んだ男女十二人の、歌あり、踊りあり、笑いありの「アメリカン・バラエティ・バン」をはじめとした海外のショーを上演した。

「アメリカン・バラエティ・バン」は、「アメリカでも見られないアメリカのショーがやってきた」が謳い文句となった。スタッフとして、フジテレビの横澤彪が総監督、日本テレビで放映されていた「今夜は最高！」の高平哲郎が、脚本を担当した。演出・振り付けには、フリオ・イグレシアスの演出で有名なウォルター・ペインターがあたった。

劇場名も、昼間は「なんばグランド花月」、夜興行では「ＮＧＫシアター」と呼び名を変えた。昼夜、まったく異質な二興行を同じ劇場で打つのは、日本ではじめてのことであった。大阪を、ニューヨーク、ラスベガス、パリとならぶショービジネスの発信基地にしたいとの壮大な夢へ突き進んだのである。

かつて吉本興業の社長であった八田竹男は、言っていた。

「花月は、混ぜご飯や。いろんなもんが入ってないといかん」

ひとつの劇場に行けば、漫才だけでなく、落語、喜劇、マジック、アクロバット、さらに、ポケットミュージカルがある。それが楽しい。

ベテラン芸人をフル回転させる

ところが、毎日開かれる「ＮＧＫ」の上演でも、二回目の上演では空席が目立つようになった。

いっぽう、昭和六十二年三月に京都の「京都花月劇場」、昭和六十三年五月に「なんば花月劇場」、平成二年三月に「うめだ花月」の三館を閉めざるをえなかった。

そんなおりの平成二年四月一日から九月三十日まで、大阪で、「国際花と緑の博覧会」、いわゆる、花博が開かれた。

このときに、各旅行会社が、花博と花月とを「花」つながりで組ませたパッケージ旅行を企画した。午前中には花博に行って、午後からは「NGK」の笑いを見る。

それをきっかけに、「NGK」が観光地のひとつとなった。パッケージ旅行のなかに組み込まれることが習慣化した。どん底から這い出した。

それ以来、客席はほとんど埋まっている。劇場を閉めたのも、昭和天皇の崩御《ほうぎょ》にともなっておこなわれた平成元年二月二十四日の大喪《たいそう》の礼の日だけであった。阪神淡路大震災が起きた平成七年一月十七日にも、劇場は開けた。しかし、とてもお客が来られる交通状況ではなかった。結局は、閉めざるをえなかった。

「NGK」は、昭和六十二年十一月にオープンしてからほぼ三十年以上、看板芸人はほとんど変わっていない。出演者の六割から七割は、ベテランである。

一時期、芸人の編成を改正する試みは一度だけあった。花博の後である。いつまでも同じ顔ばかりでは、マンネリになり、お客が飽きてしまうかもしれないからである。劇場側が、出番が真ん中あたりの芸人を、一挙にいちばん最後のトリにしようとした。しかし、それはうまくいかなかった。その経験から、意図的に編成を変えることはできない。芸人は自然淘汰するものだとわかった。それ以来、劇場は無理をして構成を変えようとはしていない。

ただ、「ＮＧＫ」は、北海道から沖縄までの全国の高年齢層から子供までと客層が広いとはいえ、なにも高い年齢層が、ベテランの芸だけを見たいと思っているわけではない。むしろ、若手のお笑いを見たいと思っているかもしれない。徐々に、若手の出番を増やしていくことも吉本興業の谷良一は考えている。

芸人ではなく劇場そのものを商品として見るという発想

阪口暁は、平成十二年に「ＮＧＫ」の支配人になってからつねに意識していた。

〈リピーターのお客を、いかに増やすか〉

もっとお客を増やそうと思えば、個人客の比率を多くして、そのひとたちが二度も三度も来てくれる。そのような劇場にしなくてはならない。

そのころの「ＮＧＫ」のシステムは個人客が足を運びやすいとはとうてい思えなかった。「ＮＧＫ」の売りは当然、芸人一人ひとりの芸であることに違いはない。そして、そのレベルは高い。だが、視点を変えて、劇場そのものを商品と見たらどうか。「ＮＧＫ」の受け入れ態勢、つまり、商品力はどうなのか。

毎日、お客は、「NGK」でお笑いを見たいとならぶ。じつは、そのお客は、長い時間待ち続け、それでも席に座れるかどうかもわからない。一般客は、芸人たちの芸を楽しみたい。そのために、少しでもいい席に座れるように朝早くからチケット売場の前で列をなして待つ。ところが、団体客優先で入場させるため、座れるかどうかもわからない。

劇場側も、「とにかくならんでください」としかいわない。平日ならまだしも、ゴールデンウィーク、正月といった休みの期間には、三時間も四時間もならぶ。

おどろいたことに当時は、開場直前まで、個人客にいったい何席を売れるのか把握できていなかった。団体のキャンセル料はとらなかったため、いきなり当日になって来ない団体が毎日のようにあった。その日の団体客の総人数は、当日になってみないとわからなかった。

だから、あらかじめキャンセルを見越して多めに団体客をとっていた。日によっては、客席数をはるかに超える千人以上の団体客をとってもいた。

いつ来ていつ帰るかわからない団体のために席を空けざるをえない。さらにいえば、団体客が帰ってしまった後の空席を埋める予約をとることができない。劇場には、大きな穴が開いたようにまとまった空席が目立つこともあった。

そのような不合理を改善し、リピーターを増やさないと、「NGK」に明日はなかった。

さらに長く続く不況の煽《あお》りを受けて、団体客が減ってきていた。特に、かつて景気のいいときには、社員旅行で会社をあげて百人単位で来ていたのが、部署ごとに分かれて数十人と規模が小さくなっている。ツアー旅行に参加するひとも減少してきた。

指定席にし、公演ごとの入れ替え制にしたほうがいい。団体分がその日午前の部は何席、午後の部は何席埋まるか。それさえ把握できていれば、一般のお客はいったい何人入れることができるかがわかるからである。また、当日客に一喜一憂させることのない、前売主導の営業に変えられる。

阪口は、さっそく実現できるよう、会議にかけた。

しかし、多くの反対意見が返ってきた。

「寄席というのは、むかしから映画館みたいに気軽に行って気軽に出てくるもんや。指定席にすれば敷居が高くなり、入れ替え制にしたら途中から入る客がおらんようになる」

ある先輩に言われた。

「十重二十重にグシャグシャになっている空気感、それが寄席の空気いうもんなんや。指定席にしてしまったら、そんなもん、壊《こわ》れてしまうがな。おまえは、それがわかってへんな」

その先輩からボロクソにいわれながら、阪口は思っていた。

〈その空気って、なんやねん〉

座れるか座れんかわからんところで、お客に三時間も四時間もならんでもらう。そんなマネジメントをして、これからの時代に通用するだろうか？　そんな空気でしか盛り上がらない芸とは……。

その場その場の空気で受けるものを、演じる側は披露していく。盛り上がり感がないから、自分の芸が披露できないというのは違う。

どうにかこうにか、役員対象のプレゼンテーションにまでこぎつけた。

だが、それは不調に終わった。

どんな声もすぐに社長の耳に届いていた

一般の人から見れば、自由席だったところを指定席にすることなど、簡単なことだ。しかし、吉本興業には九十年間培《つちか》ってきた寄席の伝統概念がある。途中入社の社員が、会社の本丸の九十年の伝統をいきなり変えましょうというわけである。しかも、失敗したら、物理的にも心理的にも打撃は大きい。当然といえば当然のことだった。

意気消沈し、事務所にもどってきたところ、社長室秘書から連絡が入った。

「社長がお呼びです」

飛んで行くと、林裕章社長が待っていた。

「もっぺん（もう一回）説明せい！」

「はい」

阪口には、信念があった。

「お客さんのためには、指定席にしたほうがいいです。そして、今後の売上を伸ばすためにも、こうしないと無理です」

思いを、林社長にぶつけた。

話を聞き終えると、林は、たったひと言いった。

「それがええと思うのなら、やれ」

吉本興業は長い歴史と伝統のある会社だが、変革をいとわないダイナミズムを持っている。「それにしても」と阪口は思った。生え抜きの社員から見れば素人同然の自分の意見を聞いて、しかも細かい注文なしに、好きにやれという。「吉本は大衆と共に」という創始者吉本せいが持っていた創業者精神をだれよりも受け継いでいるからこそできる判断か。

先代会長である林裕章が、「ＮＧＫ」の指定席化を後押ししてくれなければおそらく、阪口は、なにをしていいのかわからなかったに違いない。

その分、重いプレッシャーを感じた。週に二日から三日はまんじりともできない日々が続いた。

なにしろ初めてづくしで前例がないうえに、失敗は許されない。ほかの劇場へ出かけては、営業をふくめ、そのシステムを参考にした。電話予約を始めるため、知人を頼って、カード会社のコールセンターも見学した。従業員教育をしなおした。障害のあるお客の受け入れ態勢も整えた。

そして、お笑い公演の特殊性に対応した劇場システムができていき、お客にやさしい劇場になった。個人客、団体客ともに増えた。「NGK」の売上は、右肩上がりで伸びた。

客層にも、変化が起こっている。若いお客、家族連れの比率が多くなっている。「NGK」としては、とても好ましい状況だ。

「NGK」の場合、テレビに出て活躍する芸人もいるいっぽうで、顔も名前もそれほど知られていない芸人も舞台に上がっている。知名度が低くても、客の腹をよじれさせるほど笑わせるだけの一流の芸を持っている芸人もいる。彼らの芸は、極端にいえば、三秒四秒で視聴者を摑むことを要求するテレビはそぐわない。彼らは、舞台であたえられた十五分から二十分をつかって笑いをとる芸だからである。平成十七年一月三日に亡くなった林裕章前会長もいっていたとおり、彼らのような芸人も、「吉本興業の財産」である。

芸を見せるために舞台に上がる芸人たちでクオリティをたもち続ける。それが、「NG

K」の舞台の匂いだと思っている。

よくアンケートをとるように言われることがある。アンケートによって、どの芸人が人気があって、どの芸人に人気がないのかを見るためだという。だが、阪口はアンケートにはかならずしも賛成できない。というのは、アンケートは、アンケートが書くのが好きな客だけが書く。その意見は、偏《かたよ》りがちになることも多い。結果を見る側が、それを頭に置いて見ればいいのだが、つい数字が独り歩きをしてしまうケースもある。

阪口はよく、客席の後ろで、立ち見している客に混じってお客の反応を見る。お客の拍手が、お愛想なのか、それとも、楽しんでよろこんだ拍手なのか。それを見ている。お愛想でしている拍手は、お腹のあたりで叩いている。だが、本当に楽しんだ拍手は、お客の手の位置が自然と上がってくる。顔の前あたりまで上がっている。その反応を見るほうが、より生の反応を得られる。

ときどき、劇場から帰る人込みにまぎれて歩く。さまざまな声が聞こえてくる。

「おもろかった」

「これは、今イチやな」

そのような生の声こそ、確かなものだろうと阪口は思っている。

芸人の査定は一年に一回、関係者だけで話し合う

「ＮＧＫ」は、吉本興業にとって、精神的な意味でも、物理的な意味でも大きな存在である。会社の利益における、比重は大きい。また、「ＮＧＫ」に空席が目立ち始めると、精神的な打撃も大きい。社員もモチベーションも上がらない。

その意味では、つねに「空席をつくってはいけない」とのプレッシャーにさらされている。それどころか、満席となっていたある日、阪口は上司から言われたことがあった。

「暇やな、おまえ」

本気であった。

つまり、座席はいっぱいだが、立ち見客がいないからまだ暇だというのである。

日本中探しても、満席なのに暇だと言われるのは「ＮＧＫ」の支配人だけに違いない。

さらに、「ＮＧＫ」はいろんな意味で、基準であり、先導役である。たとえば、吉本の各劇場は、「ＮＧＫ」がどれほど出しているのかを参考にして、芸人のギャラを決める。

「ルミネｔｈｅよしもと」と「うめだ花月」の座席と予約の管理、インターネットをふくめたチケット販売システムは、まず「ＮＧＫ」で開発され移植された。

そのほか、「ＮＧＫ」のやり方を導入したものは多い。

サービスや接客レベルもつねに他の目標、模範とならねばならない。株主への対応や、

社会貢献もどこよりも重い責任を負う。

「NGK」は、ときおり、従業員の家族や仕事関係の方などに招待券を配る。どうしても席が埋まらない日は、年に一日二日、かならずある。そのときに、席を埋める意味もあって配る。配ったうちのほとんどが、劇場をおとずれる。

阪口は、そのときに思った。

〈来たくても来れないでいる人はまだまだたくさんいる〉

潜在的なお客はまだまだたくさんいる。どうやって掘り起こすか。

当時、「NGK」と「うめだ花月」「baseよしもと」という大阪の三つの劇場が、大阪の劇場エンタテインメントとして、シナジー効果を生めないか、模索していた。

吉本マンは、芸人にとっては舞台が原点だと思っている。それを充分に承知している芸人は、どんなにテレビで売れたとしても、舞台にもどってくる。劇場で足腰を鍛えておかなくてはならない。その意識が強いのだろう。芸人を育てあげるシステムであり、生活の糧《かて》である劇場を自前で持っていることが、吉本興業の強みである。他の芸能プロダクションにはないところである。

「NGK」や「ルミネtheよしもと」は採算はとれているものの、劇場とは、メーカーに例えれば研究開発部門でもある。それゆえに、収支だけを云々するところではない。収支よりも、コストを見込んでもいい。

劇場の出演料は、まさにピンからキリまでである。ワンステージ千五百円程度という芸人から、サラリーマンの一カ月の給料分を一回のステージで稼ぐ芸人もいる。「ＮＧＫ」での出演料は、年間で数億円にのぼる。

査定は、一年に一回、阪口をふくめた関係者で話し合う。

査定には、とくに基準はない。劇場としての評価とテレビの評価は別個ではある。テレビで顔が知られていれば、同じ力量ならば知名度の高い芸人のほうが査定が高くなる。だが、テレビに出て受けている芸人でも、劇場で受けなければ、劇場での査定はかなり下がることも多い。

査定に参加する関係者はだいたい同じような評価を下す。上げ幅について違いはあっても、出演料を上げたい芸人についてはだいたい意見が合う。

林裕章前会長が、あるとき、劇場で、芸人のネタを見ていた。その芸人は、「吉本の秘密兵器」と呼ばれるほど期待されていた。

しかし、そのネタが終わるなり、ときの支配人にいった。

「あいつ、なんとかせえ。ネタがひどすぎる」

林の鶴の一声で、その芸人には、脚本家がついた。しかし、残念ながら、その芸人は、

〝秘密〟のままで、ついに〝兵器〟とはならなかった。

劇場側で、芸人のために脚本家をつけることはほとんどない。芸人は、自分たちの商品価値を高めるために必要であれば、自分たちでギャラを払って書いてもらう。

演目に新味を出そうと誘いかけたときには、脚本家のギャラを払うことはある。

阪口は、「支配人日記」なるものを五年以上つけている。内容はほとんどが失敗の記録だ。人は成功はおぼえているが、失敗は忘れがちである。次の支配人がこれを読んでくれれば、必ず役に立つと思っている。

優勝賞金一千万円、「M―1グランプリ」はこうして生まれた

吉本興業は平成十三年九月から優勝賞金一千万円をかけた漫才トーナメントを始めた。大阪の放送局などが毎年実施している演芸賞の賞金は、百万円程度。高額賞金で人材を発掘し、二十年前の漫才ブームの再燃に期待をかける。

大会名は漫才の頭文字Mをとり、格闘技の「K―1」をもじった「M―1グランプリ」。プロでもアマでも、所属会社を問わず、結成十年未満なら参加できる。大阪、福岡、名古屋、札幌など十都市で予選を開き、四回戦を勝ち抜いた十組が、年末に東京で開催される決勝にのぞむ。その模様は、全国ネットで朝日放送制作、ANN系列で放送される。

大会委員長を務めた島田紳助は、語っている。

「漫才師に、戦う場所と夢を与えたい。売れているいないに関係なく、本当におもしろい人が勝ち、本物になっていけば、ブームは起こると思う」

紳助は、自身のタレント生活が成立していたのは、デビュー当時から八年間続けた紳助・竜介があってこそと考えている。

また、その漫才を途中で辞めた罪悪感から「何か恩返ししなければ」と常々考えていたという。

「松本紳助」というテレビ番組内で松本人志と「単純におもしろい奴を決めるコンテストがしたい」と話をするなかで、その構想は具体化していった。松本が審査委員を務めているのは、この番組で紳助に誘われたため。

毎年九月から十二月にかけて、東京・大阪・名古屋・福岡など各地で予選一回戦がおこなわれる。二回戦、三回戦と徐々に絞られていき、準決勝は、東京会場は「ルミネ the よしもと」、大阪会場は「ＮＧＫ」で、二日続けておこなわれる。

平成十三年十二月二十五日におこなわれた第一回「Ｍ―１グランプリ」の優勝コンビは、「笑いのＤＮＡ」をキャッチフレーズとした吉本興業の中川家であった。

大阪と、東京の人の笑いのツボが一緒になった

谷良一は、吉本興業の総合プロデューサーとしてさまざまな企画の立案や運営の責任者として腕をふるった。デビューから十年以内の若手芸人がグランプリを競う「M―1グランプリ」の平成十四年十二月二十九日の第二回からの目玉企画として、決勝戦がおこなわれる有明の「パナソニックセンター」横の特設会場で本番当日に敗者復活戦を始めたのである。

審査は、特別審査委員のほかに、会場に来た一般客百人も加えてもらうことにしていた。ひとり十点の持ち点を持つ特別審査員五人、ひとり一点の持ち点を持つ一般審査員百人で審査する。一般審査員は、会場に来たひとから抽選でえらんだ。ところが、抽選で呼ばれた番号を持っているお客がいった。

「わたしは、あるコンビのファンだから、公正な審査はできません。ほかのひとに、頼んでください」

谷は、そういうひともいるのだなと、はじめはやり過ごした。ところが、そのようにいってくるのはひとりだけではなかった。何人もが、同じような理由で審査員を断ってきた。審査員となれば、最前列のもっとも芸人に近い席にもつける。にもかかわらず、断ってくる。

谷には、とても信じられなかった。谷の感覚ならば、かならず審査員になる。そのうえ、どんなに自分が好きな芸人がほかの芸人に劣るように見えても、自分の好きな芸人を高評価する結果を出す。それは、谷だけの感覚ではなく、大阪出身の者であればかならずそうするのではないか。しかし、そうしないのは、好きな芸人が、ひいきの引き倒しで選ばれるのは嫌だという意識が、東京のひとたちにあるからに違いない。ということは、自分の好きな芸人だけでなく、ほかの芸人にも目がいっているということである。審査員にならなかったひとでも、出ている芸人一人ひとりを、自分で作った採点表で採点していた。そういう傾向をもつ東京の客は、自分の好きな芸人が出ていなくても、劇場に足を運ぶようになるかもしれない。

さらに、M—1の敗者復活戦では、一般の審査員の評価と、五人の特別審査委員の評価がほとんど変わらなかった。そのことも、谷にとってはおどろきであった。

会場に来ていた客のうちから選ばれた百人には、ツアーで大阪から来たひとたちも四十人ほどはいた。しかし、残りの六十人は東京のひとたちである。特別審査委員と一般審査員の評価が変わらないということは、東京のお客の評価も、大阪から来たお客の評価もほぼ同じだということである。つまり、東京のひとも、大阪のひとも、笑うポイントは変わらない。谷は、そのことを実感した。

かつて桂文枝が、高座でネタとして話していた。

「東京で落語をやると、大阪とはぜんぜん違うところで笑う。なにがおかしいんやろうかと思うてたら、話してる話がおかしいんではなしに、大阪弁自体が滑稽《こっけい》やから、お客さんは笑ってる」

文枝は、そのことをネタにしていたが、それは、たしかなことだったに違いない。

東京のひとたちは、大阪に対して、「がめつい」「よくわからない言葉をしゃべる」といった偏見を持っていた。それを払拭したのは、MANZAIブームだったに違いない。東京に進出した明石家さんま、島田紳助らMANZAIブームの主要なメンバーが、「オレたちひょうきん族」をはじめとする全国ネットのテレビ番組に出演することで、大阪の笑い、関西弁を広めた。

数年前からは、大阪以外の若い層のひとたちもおもしろがって、関西弁をつかうのを耳にするようになった。「つらい」「つかれた」をあえて、関西弁で「しんどい」といってみたり、「転ぶ」を「こける」というふうにである。

平成十三年に、東京新宿駅南口のルミネ新宿2の七階に「ルミネtheよしもと」ができたことも大きく影響している。

東京の笑いが進化している

「ルミネｔｈｅよしもと」には、女子高生、ＯＬをはじめとした若い年齢層はもちろん、三十代から五十代までのサラリーマンもおとずれる。

東京のひとたちは、かつての大阪のように、気軽に劇場に笑いを見に行く楽しみを知ったのかもしれない。というのは、東京の笑いの中心は落語で、落語の寄席は、ある一部の〝通〟のひとしか行かない。しかも、江戸の落語は、教え諭す要素がある。「おまえ、バカだね」と、相手をバカにして笑わせる。漫才は、あくまでも落語の引き立て役で、あまりにも笑いをとると、落語家から怒られることもあるという。

それに対して、大阪の笑い、上方の笑いは、自分の恥ずかしいこと、失敗したことをさらけ出して笑わせる。吉本の芸にしても、裸でばちばちパンチを見せてはちゃめちゃしている。それでいて、「アホちゃうか」と、自分で自分を醒めた目で見ている。肩の力を抜いていている。その視線にはおろかさを否定するのではなく、むしろいとおしむところがある。

東京のひとたちから見れば、大阪は、名古屋、福岡、札幌とたいして変わらない、一地方都市に過ぎない。むしろ、東京のひとたちには、大阪よりも京都にあこがれや興味がある。大阪は東京とならんで日本の二枚看板であるとの意識が強い大阪人とは、意識に差がある。

谷から見れば、いま大阪が受け入れられているのは、大阪の地位が、政治的、経済的などさまざまな面で相対的に下がっているからではないかと思えた。

あらためて、単なる一都市になった大阪の特質を見ると、大阪では、芸人だけでなく、だれもがおもしろい言葉をつかって、自分の笑いのタネにしている。

いま、大阪風の笑いが受けているのは、自分でわざと恥ずかしいことをいって笑わせる大阪的な精神風土と同じような風土に、日本全体がなってきているということかもしれない。

しかし、大阪の吉本興業は、うかうかとはしていられない。大阪は、芸人を発掘して育てるところと思っていてはいけない。関西で育った芸人、九州、広島で育った芸人が、大阪には来ないまま上京することも多い。本来大阪が漫才の本家であるべきなのに、このままでいれば、東京の笑いがさらに進化を遂げて、大阪を追い抜いてしまうかもしれない。

なお、平成十四年の第二回「M―1グランプリ」では、「打倒吉本を合言葉に今回も決勝へ」がキャッチフレーズの松竹芸能のますだ・おかだが優勝した。

平成十五年の第三回では、吉本興業のフットボールアワー、平成十六年の第四回では、プロダクション人力舎のアンタッチャブル、平成十七年の第五回では、吉本興業のブラックマヨネーズが優勝した。

南海キャンディーズに見るお笑い道

平成十六年に行われたM―1グランプリの決勝は、どの審査員も、アンタッチャブルの芸を評価していた。にもかかわらず、中田カウスだけは、南海キャンディーズを推した。M―1というところは、会場自体が競技場である。競技場というところでは、プロがアマチュアに負けることがある。その意味では、M―1はおもしろい会場である。その日、アンタッチャブルの前評判が高かった。生放送にもかかわらず、司会が、アンタッチャブルが本命であるようなことを匂わせたりしていた。

アンタッチャブルは、たしかに、その二年間をかけて、ネタを練り上げてきた。まさに最高潮にコンディションを仕上げてきた。向かうところ敵無しであった。

南海キャンディーズは、その雰囲気のなか、抽選の結果でトリを務めることになった。トリというのは、中田カウス・ボタンのようなベテランになってもきつい。いろんな芸人が、トリをつぶしにくる。笑いに笑わせると、お客は、笑い疲れる。おもしろくないと、だれてしまう。トリは、それらを全部わかったうえで、その日によってネタを変えたり、テンポを変えたりしながら、最後に、お客を満足させて帰させないといけない。お客が帰る道々、「今日は、トリがいちばんおもしろくないな」と言われたら、芸人はおしまいである。

M―1では、アンタッチャブルが乗りに乗って、会場をひっくり返さんばかりに笑わせた。

南海キャンディーズは、その後を、コンビ歴も浅いにもかかわらず、堂々と受けて立った。

最終決戦の二本目のネタでは、ボケのしずちゃんが、司会がお客に触った（話しかけた）ところをみごとにとらえて、お客を笑わせた。アンタッチャブルの勢いの前には、タブーであるお客に触った笑いをとったのである。そのことで、アンタッチャブルと五分五分の笑いをとった。

会場があれほどまでに盛り上がったあとに、アンタッチャブルと肩をならべる笑いをとることは、並大抵の力ではできない。

これまで男女のコンビというのは、男が女の子をいじめたり、夫婦コンビでは夫の浮気をネタにしてそれで離婚したとかいった私生活を披露するというものだった。

南海キャンディーズは、男の山里が、相方を「しずちゃん」と呼んで怖がっているようなスタンスをとりながらも、ツッコムところはビシッとツッコむ。よく相方のことを研究した、頭のいいコンビだと見えた。

そのうえで、トリを務めた舞台根性。

芸人を毎日続けてきたカウスから見て、どちらが力を持っているかはあきらかであった。

〈アンタッチャブルの負けやな〉

カウスから見て、アンタッチャブルとくらべて、南海キャンディーズのほうが玄人だと思った。しかし、客はもちろん、テレビを見ているひとも、審査員も、だれもが、アンタッチャブルを支持していた。カウスまでがアンタッチャブルに入れれば、満場一致でアンタッチャブルに決まる。ということは、いったい、二位はだれだったのかがわからないまま終わってしまいかねない。

自分よりも芸歴の長い西川きよしも、アンタッチャブルに入れた。あくまで南海キャンディーズにこだわったカウスは、それを残念に思った。

第六章

吉本はどんな基準で芸人を獲り、育てるのか

所属芸人6000人、次々送り出される新時代のヒーローたち

ダウンタウンを輩出してきた「NSC大阪校」とは

「NSC大阪」と「NSC東京」は、多くの著名な芸人を輩出してきた。

昭和五十七年創立の大阪校の、第一期生に、ダウンタウン（浜田雅功・松本人志）、トミーズ（トミーズ雅・トミーズ健）、ハイヒール（ハイヒールモモコ・ハイヒールリンゴ）、内場勝則、おかけんた・ゆうた、銀二・政二（現放送作家前田政二）、濱根隆、杉本美樹らがいる。

第二期生には、吉田ヒロ、長原成樹。

第四期生には、今田耕司、130R（板尾創路・ほんこん）、リットン調査団。

第五期生には、辻本茂雄、亀山房代、ティーアップ前田、ぜんじろう。

第六期生には、山崎邦正、軌保博光、田中章（プリンプリン）。

第七期生には、雨上がり決死隊（宮迫博之・蛍原徹）、矢部美幸（元パンチライン、ナインティナインの矢部浩之の実兄）、なるみ（元トゥナイト）、高山トモヒロ（ケツカッチン、元ベイブルース）、安尾信乃助、高尾美由紀。

第八期生には、千原兄弟（千原靖史・千原ジュニア）、FUJIWARA、バッファロー吾郎、大山英雄、森内紀世、灘儀武（元スミス夫人、元ザ・プラン9）、宮本たつみ

(笑ハンティング)、白川悟実($10)、石野桜子。

第九期生には、ナインティナイン(岡村隆史・矢部浩之、中退)、へびいちご、矢野・兵動、川畑泰史、チュパチャップス(宮川大輔・ほっしゃん。、解散)。

第十期生には、メッセンジャー、ジャリズム、シェイクダウン(後藤秀樹・久馬歩(現ザ・プラン9・お～い！久馬)、解散)、松本真一。

第十一期生には、陣内智則、ハリガネロック、中川家、ケンドーコバヤシ、たむらけんじ、たいぞう、烏川耕一、原田専門家、堂土貴(ルート33)、トクトミトコナミ。

第十二期生には、2丁拳銃、COWCOW、土肥ポン太(元スキヤキ)、小藪千豊(元ビリジアン)、おはよう。(解散)、ブラザース、鈴木つかさ(元シンドバット、元ザ・プラン9)、ナメリカ。

第十三期生には、徳井義実(チュートリアル)、増田裕之(ルート33)、次長課長、野性爆弾、ブラックマヨネーズ、騎兵隊、くわばたりえ、藤井宏和(飛石連休)、新塾イーグル(超新塾)。

第十四期生には、フットボールアワー、国崎恵美。

第十五期生には、ランディーズ、ストリーク、山本吉貴(元チャイルドマシーン)、伊賀健二、西田幸治(笑い飯、中退)、フロントストーリー。

第十六期生には、浅越ゴエ（元デモしかし、現ザ・プラン9）。

第十七期生には、青空、ヤナギブソン（元君と僕、現ザ・プラン9）、ゴリけん。

第十八期生には、四次元ナイフ、ジャンクション。

第十九期生には、小暮まなぶ、加藤貴博（ジパング上陸作戦）。

第二十期生には、麒麟、西科仁、アジアン、ソラシド。

第二十一期生には、レギュラー、カナリア、天津、村田秀亮（とろサーモン）、チャド・マレイン（ジパング上陸作戦）、佐橋映美（キッチン）。

第二十二期生には、なかやまきんに君、ダイアン、中山功太、ネゴシックス、ミサイルマン、キングコング、山里亮太（南海キャンディーズ）、久保田和靖（とろサーモン）、キャラめる。

第二十三期生には、友近、ブロンクス（解散）、チーモンチョーチュウ、ベリー・ベリー、まいなすしこう、今別府直之、小米良啓太。

第二十四期生には、小笠原まさや、イシバシハザマ、田中上阪、若井おさむ。

第二十五期生には、プラスマイナス、ジャルジャル、金時、ぢゃいこ。

第二十六期生には、天竺鼠、ビタミンS、上木総合研究所、ジェシカ、鎌鼬。

第二十七期生には、いがわゆり蚊、Dr.ハインリッヒ。

第二十八期生には、バルチック艦隊、Ｖスライダー、ジャンキー、カルパチーノ。

第二十九期生には、吉田たち、コマンダンテ、金属バット。

第三十期生には、令和喜多みな実、尼神インター、バンビーノ。

第三十一期生には、セルライトスパ、インディアンス、ロングコートダディ。

第三十二期生には、別府貴之（マルセイユ）、のぶひろ（大自然）、武者武者。

第三十三期生には、コロコロチキチキペッパーズ、マユリカ、ケツ（ニッポンの社長）。

第三十四期生には、エンペラー、さや香、馬と魚。

第三十五期生には、ゆりやんレトリィバァ、ガンバレルーヤ、濱田祐太郎。

第三十六期生には、サンパウロ、８．６秒バズーカー、ちからこぶ。

第三十七期生には、赤木裕（たくろう）、ガーヤマちゃん、チャンプチョップ。

第三十八期生には、マイマイジャンキー、フースーヤ、カスターニャｔａｎｔａｎ‼。

第三十九期生には、山ノ内、爛々、いつもたいしゃ。

第四十期生には、ポップマン、ロールキャベツ団地、ｔｏ ｂｅ ｃｏｎｔｉｎｕｅｄ…。

第四十一期生には、しんや、ときヲりぴーと、タイムキーパーらがいる。

“天才ダウンタウン”の衝撃

大崎洋（現・会長）の信頼が厚かった中井秀範は、吉本興業に入社して二年目の昭和五十七年七月、今宮戎《いまみやえびす》神社で開かれた「今宮こどもえびす新人漫才コンクール」の会場に足を向けた。

中井は、新人漫才コンクールで福笑い対象を受賞した浜田雅功、松本人志のコンビにおどろかされた。

〈とんでもないやつらがあらわれたもんだ〉

ふたりは、同じ昭和三十八年生まれで、幼なじみであった。その年の四月に、吉本興業が新設した「ＮＳＣ（吉本総合芸能学院）」に入ったばかりであった。ふたりのコンビ名は、ＮＳＣ卒業後にダウンタウンとなった。コンビを組んで三カ月足らずの若手が、結成から十年もたつ芸人たちをおさえて堂々と優勝したのである。

〈ダウンタウンが、新たな漫才を切り拓く〉

中井は、そう予感させるほどの衝撃を感じていた。

「ＮＳＣ大阪」第一期生は、一年目が終わるころには、入学時いた百人の一〇分の一、つまり、十人ほどになってしまっていた。ダウンタウンの天才的ともいえる素質を見せつけられて、自分たちはとても芸人として生きていけないと自信を失って学院に来なくなってしまったのであった。

ちなみに、「NSC」生ではないが、ダウンタウンが出演する番組で放送作家をしている高須光聖も、小学校、中学校と同級生であったダウンタウンのふたりの才能を見せつけられた。いまや放送作家としてナンバー1である彼も、自信を失った。自信を取りもどしたのは、お笑い芸人としてまぶしいほどの存在となったダウンタウンを見てからであった。これなら、負けて当然だと思えて初めて、自信を取りもどしたという。

ダウンタウンのふたりにとっては、吉本興業が「NSC」を作ったことはまさに幸運なことだったに違いない。それまで、お笑い芸人になろうと思えば、芸人の弟子になるしかなかった。弟子として、師匠の家の雑巾がけ、師匠の子の子守といった雑用もしなくてはならない。ダウンタウンのふたりは、いわゆる徒弟制には耐えられなかったに違いない。

大崎洋がダウンタウンのために作った「心斎橋筋2丁目劇場」

中井は、いっしょに「京都花月」でプロデューサーチームを組んでいた先輩の大崎洋とともに、ダウンタウンのマネージャーを始めた。大崎は、「NSC大阪」でダウンタウンの面倒を見ていた。吉本興業で、いくら賞を受賞した芸人であろうとも、新人にマネージャーがつくことはない。中井と大崎は、勝手にダウンタウンのマネージャーとなったのだった。

それから二年後、中井は、吉本興業本社から言われた。

「南海ホールをプロデュースするように」

南海ホールは、吉本興業本社の一角にある小劇場で、それまでは吉本興業が南海興業に貸与していたのを吉本興業で経営することになった。大崎と中井は、そのプロデュースを任されたのだった。

彼らは、言い合った。

「ダウンタウンの小屋にするんや」

ダウンタウンはおもしろくて受けてはいたが、あくまでも若い層に受けていた。「なんば花月」などの従来の寄席を訪れる高い年齢層の客には、それほどは受けていなかった。

そこで、老朽化していたホールを一億円かけて、ダウンタウンの笑いがわかる若い世代を集める小屋に改装した。打ちっぱなしのコンクリート塀に、剝き出しの照明機材を天井からつるした。ロフト感覚でしゃれていた。その名も、「心斎橋筋2丁目劇場」とした。劇場の名前は、アメリカのブロードウェイの「46丁目劇場」にヒントを得て、所在地を劇場名とした。昭和六十一年四月にオープンした。

花月があらゆる笑いのニーズに応える幅広い演目メニューを用意しているのとは対照的

に、百十二席の狭い場にいる人間だけが共有できる笑いを提供した。

その心斎橋筋2丁目劇場で、ダウンタウンは、みごとにブレイクし、関西の若手人気ナンバー1となる。


「NSC大阪」には、平成十八年、お笑いタレントを目指す五百二十一名が入学した。M—1グランプリがはじまった翌年の平成十四年こそ六百五十名の入学者もいたが、この三年ほどはそれを超えてはいない。

いっぽう、平成七年に開校した「NSC東京」は、増加傾向にあるという。オリエンタルラジオが一世を風靡《ふうび》したこと、「エンタの神様」などのテレビ番組の影響もある。

しかし、大阪校には、東北、東京からも来ている。漫才をしたいというのである。

M—1グランプリで優勝した芸人に吉本興業からは、中川家、フットボールアワー、ブラックマヨネーズの三組が出ているが、三組とも大阪校の出身者である。

本格的に漫才を勉強したいと思えば、漫才文化の発祥の地ともいえる大阪で学んだほうがいいと判断しているのだろう。

ただし、五百名も入学者がいれば、本気で芸人を志す者ばかりではない。プロの芸人になることがいかに厳しいかがわかっていて、そこにむけて懸命に努力するほうがむしろ一部であるといってもいい。

大学にも専門学校にも行く目標もなく、ただテレビで募集CMを見て志望してきた生徒も少なからずいる。それでも、「NSC大阪」では、入学試験となる面接は、ふるいにかけるものではなく、最低限の適性を見るもので、入学するのは決して難しくない。

面接が得意でなかったり、態度の悪さだけを見ただけで落としてしまえば、せっかくそのひとが持つ才能を摘んでしまいかねない。もしかすると、一年間みっちりと授業を受ければ、芸人として花開くかもしれないのである。たとえば、現在、吉本興業の芸人として活躍しているとろサーモンのふたりのうち、久保田和靖は、一度は「NSC大阪」の入学面接で落選した。翌年にもう一度受けなおし、いまや立派に芸人として活躍している。

「NSC大阪」は、講師の目が届く程度の人数で授業をおこなう少人数制をとっている。あまりにも人数が多すぎると、後ろにいる生徒は参加できないからである。

生徒たちは、みなの前で二分間のネタを披露することで、初めて現実を知る。懸命に考えて見せたネタに厳しいダメ出しを出されたり、同期生からの反応がまったくない。それでも、つぎにネタを懸命に考えて披露する。それでも、また同じ結果になる。

それにくらべて、ほかの同期生は、おもしろいネタでみなを笑わせている。センスなのか、懸命にやっているせいなのか。笑わせることのできない生徒は、そこで笑わせることのできる生徒との大きな差を痛切に感じる。

「ＮＳＣ大阪」で指導にあたる橋本雄一は、生徒たちにいっている。

「本気でプロの芸人になろうと肚をくってきたからには、一年間をどう使うか、意識してください」

「ＮＳＣ東京校」ＶＳ「ＮＳＣ大阪校」の火花

両校とも八月になると、クラス分けのオーディションが開かれる。生徒たちは、もっとも自信のあるネタを披露する。生徒にとっては、講師、生徒のほかの眼に、初めて自分のネタを見せる機会である。吉本興業関係者が、審査員を務める。生徒にとっては、これまでに経験したことのない緊張感で特設ステージに立つのである。

その結果で、プロにもっとも近いと評価できる生徒は、Ａクラス、Ａクラスにするには足りないが力があると思われる生徒は、Ｂクラス、そのほかの生徒は、Ｃクラスと三ランクに分けられる。

少しでも興味をひくネタができないと、Ｃクラスになってしまう。

残念ながら、平成十八年は、Ａクラスの評価をあたえる生徒はいなかったという。Ｂクラスが、ピン芸、コンビと合わせて五〇組である。残りは、Ｃクラスとなった。

ただし、このクラス替えは、そこでおしまいではない。その後のネタ指導の授業で、力がついたと思える生徒は、ひとつ上のクラスに上げる。成績が悪ければ、クラスが下げられることもある。

M―1グランプリに代表されるようなコンテストでの評価は、大きな評価の対象となる。M―1グランプリで一回戦を突破すると、CクラスからBクラスに上げられる。あるいは、クラス分けの時期よりも前におこなわれる今宮こどもえびす新人漫才コンクールという伝統的なコンクールで賞を受賞すれば、Aクラス候補にあげられる。

橋本は、生徒たちの尻を叩く。

「早くAクラスになって、プロの仲間入りができるようにしなさい」

生徒にとっての励みは、「NSC東京」との対抗戦である。十二月と一月の二回開かれる。十二月には、東京校の代表が大阪に乗りこんでくる。一月は、大阪校の代表が東京に行く。

代表は、オーディションで選ばれる。Aクラスであろうと Bクラスであろうと、Cクラスであろうとも、おもしろいネタを持っていればだれもがなれる。だれもが、大阪の代表として対抗戦に出たいと思ってネタを磨く。

大阪校はネタ重視の劇場出演、東京校はテレビタレントを目指す

橋本が見るかぎり、まだ三年しかたっていないが、東西のＮＳＣ対抗戦では、ネタの完成度では大阪校が少し勝っており、キャラクターを演じるような部分では、東京校のほうがよくできているという。

前の年の大阪大会では、バルチック艦隊をはじめとしたレベルの高いネタで大阪校が圧勝した。

東京での対抗戦でも、ネタでは大阪校が勝つのだが、アドリブでの受け答えや司会者との絡みなどで力を発揮できない生徒が目立ってしまう。

その違いは、大阪の生徒と、東京の生徒が目指すものがあきらかに違うからだと見ている。大阪校は、ネタ重視なので劇場を強く意識してしまうが、東京校には、テレビタレントを目指している生徒が多い。本格漫才を目指すよりも、「武勇伝」のオリエンタルラジオのように、一行二行で終わるリズム系のネタが多い。さらには、テレビ番組のなかで決められたキャラクターを演じきることが大事だと思っている。それゆえに、いろんなひととの絡みもうまい。

そのあたりは、はっきりとした風土の違いである。

橋本は生徒にいっている。

「こだわったものを持って、自分の進むべき道を決めていってほしい」

ピン芸で評価されてAクラスになっていた生徒が、「コンビを組む」と橋本にいってきた。自分で、ピン芸で行き詰まってしまったと思ったらしい。

橋本は、強く引き止めた。

「きみは、ひとりでやっているほうが、おもしろいよ」

しかし、それは、あくまでもアドバイスとして話すだけである。客観的に見て、コンビを組むよりもピン芸のほうがおもしろいだろうと思っても、本当にピン芸人として進んだほうがいいのかどうか、橋本にもわからないからである。芸人となるには、たしかに実力も大事だが、運などのほかの要素もかかわってくる。無理やり引き離しては、もしもプロになれなかったときに、「あのときに、コンビで漫才をしていれば……」と本人が悔いることになる。本人が納得しないかぎり、できない。

その生徒は、橋本のアドバイスには耳を貸さなかった。コンビを組んで、漫才を始めた。ところが、漫才に変わったといっても漫才にはなっていなかった。ついツッコミたくなった。

「それは、ひとりでやっていたのをふたりでやっているだけやんけ」

案の定、卒業後にはコンビを解消した。が、現在、ピン芸人としてがんばっている。今後、伸びる可能性は充分にある。

吉本では芸人への道がいくつかに分かれ、開かれている

ただし、Aクラスに入れないまま、Bクラス、Cクラスで終わっても、卒業後の芸人の道が閉ざされたわけではない。卒業生でプロの芸人を志す生徒は、吉本興業の若手芸人が出演している「baseよしもと」のオーディションを受ける。このオーディションには、Aクラスであったことも、Bクラスであったことも、Cクラスであったこともかかわりはない。おもしろいネタを見せることが第一である。「baseよしもと」のレギュラーになることで、吉本興業所属と名乗っていいことになっている。プロの芸人の端に座ることができる。

入学者のなかには、お笑いで社会貢献をしたいという生徒もいる。そういう生徒の気持ちはほほえましい。

が、ひとを笑わせて稼ぎたいと邁進する生徒とくらべると、あきらかにパワーや情熱で劣る。芸人は、いやらしいところがあるほうが、どちらかというと、伸びる。

「NSC大阪」の卒業生では、第二十二期生が目立っている。キングコング、南海キャンディーズの山里、とろサーモンの久保田、中山功太、ネゴシックス、なかやまきんに君、

ダイアンと数多く活躍している。第二十六期生も、天竺鼠、かまいたちが活躍している。

平成十七年度の第二十八期の卒業生では、カルパチーノが活躍している。彼らは、「NSC大阪」に入学した時点で「baseよしもと」のレギュラー出演を勝ち取っていた。だが、入学後夏ごろに解散し、「baseよしもと」のレギュラーからも降格した。年が明けてすぐに、ふたたび同じふたりでカルパチーノを再結成した。「baseよしもと」のレギュラーになった。

また、やはり第二十八期のバルチック艦隊も、今宮こどもえびす新人漫才コンクールで新人奨励賞を受賞したり、M―1グランプリの準決勝に進んだことで脚光を浴びた。「baseよしもと」でもレギュラーとなったが、客席投票のイベントですぐに降格した。入っては落ち、入っては落ちを二回ほど繰り返した。

NSCの経営陣、講師陣は、光る原石を持つ生徒を見つけると盛り上がる。プロの芸人になるためには、本人らのセンスにくわえ、運、さらに、がんばるための能力がないとどうしようもない。本人たちが腐らないようにだけはしないといけない。

ただし、高校時代に、クラブも、スポーツも続かず、大学にも入れずに「NSC大阪」に入ってきた生徒も多い。そのような意識の低い生徒を基準に見てしまうと、全体のレベルが下がってしまう。

「NSC大阪」としては、意識の低い生徒でも、システム的に、高い意識を持てるような一年を送らせることができることはできないかと模索している。

もっと環境を充実し、究極には、クラスごとに担任がいるような形にしたい。やる気のある生徒も、やる気のない生徒も一人ひとり見て、どうすればプロになれるかといったことまで管理できる態勢にしたいという。いまは、せいぜい質問してきた生徒と話して、ノウハウを教えるだけである。だが、一人ひとりにアドバイスができるようになれば、芸人になる生徒の確率が増える。

素質ある生徒たちががんばることで、まわりを引っ張ることになる。

橋本が見るかぎり、NSCで成功する芸人が多い期は、かならず全体を引っ張るようなコンビがいる。たとえば、二十二期では、キングコングがその役割を果たした。キングコングは、「NSC大阪」に在学中に、NHK上方漫才コンテストで最優秀賞を受賞した。同期生たちは、そのことで触発される。

「自分らもいけるやん」

意識が高まる。

もしも、キングコングのような同期生がいなければ、低いレベルでの争いになる。まわりと自分を見くらべているだけである。あいつに勝っているとか、あいつに負けているとか、そのレベルで終わってしまう。

講師は、口を酸っぱくしていい続ける。

「一日五時間は、ネタ合わせをしろよ」

「一日二十四時間ものお笑いづけを、一年間続けたらプロになれる」

いまの生徒たちは、ハングリー精神が足りない。かつては「ＮＳＣ」に入学する、あるいは、お笑い芸人を目指すといえば、まわりから反対された。白い目でも見られた。

「大学に進めばいいのに」

「サラリーマンになればいいのに」

かつては、そう言われるなかを勝負をかけてお笑いを目指していた。

いまは、「サラリーマンになっても将来が見えない」と思う子供が多い。だから、「ＮＳＣ」に入ってくる。親も、一年間は、学費を出すという。環境的にも、「ＮＳＣ」にこだわらなくてもいい。その意味でも、執着心が弱い。

まわりの仲間にも、平気で話す。

「いま、吉本の『ＮＳＣ』、通ってんねん」

いまプロになっている芸人たち、特に、テレビによく出ている芸人たちは、勤勉なひとが多い。いい加減なキャラクターで知られる芸人でも、じつのところ、いい加減ではない。

講師のひとたちも、よく、明石家さんま、島田紳助らのこだわりの部分を、生徒たちに話す。タレントで残っているのは、こだわりを持ったひとばかりだと話す。セルフコントロールのことを話しているのだが、解釈できる生徒は少ない。きょとんとして聞いていることが多い。

「売れだしたら、自然とやりますよ」

「自分で自分をわかっとけよ、ということでしょう」

軽く解釈してしまう。

そのような生徒たちに、橋本は話す。

「サラリーマンのおれよりもさぼっているなと思ったら、芸人にはなれへんで。それでも売れているとしたら、よほど運がいいか、天才やな。でも、いまのところ、天才はおらへんからな。きみたちは天才ではないよ」

だが、生徒のほとんどが、自分のしていることが、サラリーマンより楽だとは思っていない。プロのレベルと、自分との差をはかり、自分がどこで勝負していかなくてはならないかを考えることがない。

橋本は、生徒たちには、自分たちがどこにこだわり、自分自身をどうマネジメントして

いくかを深く考えてほしいと思っている。一年のカリキュラムのなかで、自分がどう成長
していくかの目標を立ててクリアしてもらいたい。
たとえば、入学した時点で、「八月におこなわれるクラス分けで、Ａクラスになる」と
いう目標を立てたとする。そのためには、なにが必要かまでを考えていない。もう少し具
体的な目標を立て、自己管理してほしい。ＮＳＣの一年でやると肚をくくったのなら、生
活費のアルバイトのことを考えるより、プロになるための努力をしてほしい。在校中から
プロと戦っている意識を持ってほしい。上のひとに勝とうと思ったら、一日八時間の稽古
でも足りない。十時間でも足りない。芸人になれるだけのセンスはだれでも持っていると
信じている。
卒業する三月までの一年間で勝負を賭けてほしい。そして、一年後に、プロの芸人にな
るために、どこまで到達できたのか。自分の思っていたところまで達成できていなければ、
どうしてなのか。途中でゆるめなかったのか。それを真剣に考えてほしい。
ダウンタウン、ナインティナインのような芸人には、だれでもなれるわけではない。だ
が、若手中心の劇場である「ｂａｓｅよしもと」のレギュラーであれば、本人の努力ひと
つでなれると信じている。
「ｂａｓｅよしもと」でレギュラーを射止めるのも、それと同じではないか。プロになる

意識を持って、根気を持ってお笑いの努力をすれば、かなりの確率で「ｂａｓｅよしもと」のレギュラーにはなれる。日々の努力の成果、研究の積み重ね、自分たちのおもしろいキャラクターを見つけ出す。そういった試行錯誤を続ければ、かならずできる。

漫才文化のある大阪で、漫才で認められるのは難しい。たしかに、競争も激しい。が、その分、テレビ局でも、ネタ番組がある。テレビ局でも、おもしろい若手の芸人を探している。

「ずっと漫才をやっていきたいと思うてますねん」

そういえば、

「じゃあ、なんかあったら出てな」

と言われる機会が、東京にくらべると多い。

さらに、「ｂａｓｅよしもと」からはじまって底辺からすくい上げてくれる。そこから派生して、イベントの仕事もある。それでもまだプロの道に進みたいのであれば、オーディション、アマチュア系のコンクール、イベントに出て、自分を磨けばいい。

吉本興業も、Ｍ―１グランプリだけではなく、さまざまなイベント、コンクールを主催していく。お笑いの発祥地として、大阪を盛り上げていく。

「NSC東京校」の〝名物ふんどし一丁校長〟の教育法

「NSC東京」は、平成七年四月に開校してから三年間、ダウンタウン、今田耕司のマネージャーを務めた人物が校長を務めた。彼は気合が入っていた。徹底した体育会系の教育方針で指導をした。講師で〝元祖爆笑王〟を名乗る構成作家の高橋裕幸が講義する横で、ふんどし姿で竹刀を持って生徒たちを睨み据えていた。

しかも、生徒たちが、寝ていたり、私語をしていたりすると怒声をあげた。

「こら、そこ、なにやってんだッ！」

生徒たちは、少しでも失敗すれば怒鳴られるのではないかと萎縮《いしゅく》していた。意見ひとつ言えなかった。

ある日、高橋が教室に入ったら、生徒たちがみな、上半身は裸でひとりひとり海水パンツをはいた姿で座っている。

「そのかっこう、どうしたんだい？」

「ひとりが遅刻して連帯責任でこのかっこうで授業を受けさせられているんです」

高橋をはじめ講師たちも、前校長に意見をいった。

「あまりそんなに厳しくしなくても、ネタをやらせるときくらいは伸び伸びさせましょう」

だが、彼のいる間は、厳しさが続いた。

かつては芸人になろうとする若手は芸人の弟子となって、基本からマンツーマンで教えてもらった。礼儀も教わった。しかし、「NSC」は、あくまでも集団生活を送る組織である。はみ出した行動は許してはおけない。ルールに従わない者は排除せざるをえない。しかし、大学卒、あるいは、大学在学中の生徒が多くなったとはいえ、いまは大学の感覚がかつての高校にいるような感覚ではないか。高卒の生徒はもちろん、大卒の生徒でさえも、組織内でのルールがわかっていない。むしろ、中卒で板前になったものの、夢をあきらめきれずに入学してきた生徒のほうが礼儀をわきまえている。

「NSC東京」では、いまでも、礼儀を教えこんだり、緊張感を持たせるために、必要なところでは体育会系的な指導を行っている。だが、前任者はあまりにも徹底しすぎていた。

第四期になって、鈴木拓也が校長に就任した。それまでとは、あきらかに空気が変わった。締《し》め上げをゆるめたからであった。生徒たちも伸び伸びできるので、ネタの幅も広がった。意見も忌憚《きたん》なくいうようになった。自分たちの色が出るようになった。その結果がすぐに出て、ロバート、インパルス、森三中などの芸能人があらわれ、「花の四期生」と呼ばれるまでになった。

大阪校は「クラスの人気者」が、東京校は「クラスの変わり者」が集まる

お笑い芸人になりたい若者は、年々増えている。「NSC大阪」の平成十七年度の新入生は六百人を超えた。東京校に届く入学資料請求は、毎年二千人近くにおよぶ。メールによる資料請求がもっとも多く、全体のほぼ八割にあたる。実際に願書を出してくるのは、その半分の九百人、受験におとずれる者は八百五十人ほどである。

結成十年未満の芸人が頂上を目指す「M―1グランプリ」の予選に参加した経験者もいる。M―1を経験したことで壁の大きさを知り、一から勉強をしなおそうという。

また、二十五歳以上の関西出身者もわざわざ受験におとずれる。「NSC大阪」では二十四歳以下との年齢制限があったのに対し、「NSC東京」には年齢制限がないからである。激戦区である東京のほうがテレビに出るチャンスが多いと「NSC東京」を選ぶ者もいる。

「NSC東京」では、書類選考で落選する者はほとんどいない。原則として年齢制限はないとはいえ、三十五歳を過ぎた受験者は落とす場合もある。ハード過ぎるほどの発声練習やダンスに、体力がついていかないおそれがあるからである。

面接では、受験者を十五人ひと組に分けてグループ面接をおこなう。すでにコンビを組んでいる者は、相方とともに面接を受けさせる。

受験者たちにはまず、ひとりで来た受験者であれば三十秒、コンビであれば一分間のフリータイムをあたえる。それぞれ、持ちネタ、自己PR、小咄を思い思いに披露する。その後、面接官が面接する。それほど難しい質問はしない。地方出身の出願者には、東京での独り暮らしはできるのかどうかを訊ねる。M―1に出た経験者には、M―1出場時の話を聞く。

一般的にいうと、「NSC大阪」には「クラスの人気者」が集まる。東京には、「クラスの変わり者」が集まる。そういう傾向があるという。引きこもりだったようなひとも、大阪にくらべると多い。六百人受験したうちの五百人は通る。

人数が多すぎるのではないかとの声もないではない。が、入学人数を制限するつもりはいまのところないという。あくまでも、「来る者は拒まず去る者は追わず」である。

POISON　GIRL　BANDのふたりは、面接に来たときには引きこもりの雰囲気があった。授業を受けられそうだと判断したので合格させた。もし引きこもりがちだからと落としていたら、POISON　GIRL　BANDは存在しなかった。

平成十七年度の「NSC東京」のお笑いコースの生徒数は、四百八十五人。

ただし、かならず釘だけは刺す。

「入学してから大変だから、それだけは覚悟してください」

コント授業は全生徒を四クラスに分け、一クラス百二十三名ずつ。ボイス、ダンスなどは五クラスに分ける。一クラス約百名である。

入学する平均年齢は、二十・五歳。高校出もいるし、大学出もいる。

ちなみに、出身地別の構成は、「NSC大阪」と「NSC東京」ではまったく違う。

「NSC大阪」は、七割から八割が大阪出身者。残りが、関西から南であるという。

「NSC東京」は、全国から来ている。東京近郊が五割。大阪近郊が二割ほど、そのほかの地域からが三割。

変わり種といえば、平成十六年のM―1で決勝まで進んだ南海キャンディーズの山里亮太である。千葉県出身にもかかわらず、「NSC大阪」に一年間通った。じつは、「NSC東京」があることを知らなかったのである。


生徒一人ひとり、自分から這い上がっていくしかない

取材当時、東京校のお笑いコースの講師は、十四名。ボイストレーニングには古賀義弥。ダンスではラッキィ池田、大久保美樹、並木教子。表現力を指導するエクスプレッションの講師には古代真琴、山本アキラ。コント部門では、大喜利を担当する芸人の木村祐一、ネタ見せを担当する構成作家の高橋裕幸ら八名がいる。

高橋は、ＮＳＣ東京の二期生から講師を務めている。ナインティナインが出演する「めちゃ×２（めちゃめちゃ）いけてるッ！」、今田耕司、東野幸治のラジオ番組を担当したかかわりで、講師となった。ネタ見せとは、生徒が自分で考えた制限時間のあるネタを、他の生徒たちの前で演じてみせることで、高橋は、時間を二分と決めている。

これは、テレビ番組で、芸人がネタを披露できる時間が、若手からベテランまで二分半となっているため、どこのオーディションでも、ネタは、二分から二分半と制限されるからである。

この短い時間でネタを仕上げることで、起承転結といったストーリー性や、インパクトをあたえる訓練となる。もしももっと長い時間にするのであれば、その二分のネタに肉付けすればいい。二分でできるようになれば、三分でもできる。五分でもできる。

授業のネタ見せは、芸を磨くだけでなく、その相方を見つけるチャンスでもある。生徒の七割方はひとりで入ってきて、ＮＳＣで相方を見つけることになる。相方を探す同期生たちに、自分のおもしろさをアピールする。

生徒のほとんどは、自己顕示欲が強く、自分のネタはおもしろいと信じ切っている。ところが、見ている側からすれば、笑いを押しつけられている気にさせられる。時に目を惹く者もいるが、だいたい経験者で、どこかからドロップアウトしてきた。おかしなクセ、我流の色がつきすぎている。

「吉本だったら、おれのお笑いをわかってくれるはずだ」

自分を過信しすぎている。「見てもらっている」「まわりのひとがいて自分がいる」という意識がないと伸びない。

高橋裕幸は、生徒たちに教える。

「あくまでも、ネタは、自分の目線くらいのもので作りなさい」

はじめから、ネタ作りが上手い生徒はいない。ほとんど妄想ばかりをふくらませている。ゴルフをネタにした子でも、自分でゴルフをしたことがないので、まちがってしまう。妄想だけをふくらませているのをなおしていけば、伸びる可能性はある。

なかには、秘書と社長の絡む下ネタをそのままネタにする生徒もいる。「ルミネｔｈｅよしもと」のお客は、女子学生中心である。どんなにオブラートに包んでも、お客は引いていく。

高橋は、指摘する。

「下ネタは、売れてからいくらでもやりなさい。それまでは、厳禁です」

ただ、ネタ作りに正解はない。講師の立場であっても、突き詰めていけば、ネタの評価はそのネタが好きか嫌いかになる。二十歳近く年の離れた生徒たちとの考え方、感じ方のギャップがあるかもしれない。

高橋は、生徒たちがネタを見せて、同じクラスの生徒に指摘させる。同じ世代、同じ土俵にいる者から指摘を受けると、納得いくかもしれない。

講師陣は、一から手さぐりでネタ作りを始めた生徒、ネタの作り方そのものは教えない。教えると、生徒たちは教わった作り方に凝り固まってしまうからである。ネタはどうすればおもしろくなるか。ダメ出しを繰り返す。

講師陣は、はじめから、ネタのおもしろさに期待はしていない。その生徒が、いったいどのようなおもしろい発想をするのか。どのような演技力を発揮するのか。その生徒の長所を伸ばすようにする。そのことを通じて、伸びる生徒は、自分をどう見せれば受けるかがわかってくる。

年間を通じて、一度もネタ見せをしない生徒もいる。あくまでも、「ＮＳＣ」は、芸人を養成する学校である。そのような生徒には手は差し伸べない。面倒を見るつもりもない。芸人になるためには、自分から這い上がっていくしかない。

コンビについてもいわない。前のコンビを解消して、新たにコンビを組んだときに、前のコンビと比較して「前のほうがよかったね」と指摘することはある。

「NSC東京」で特徴的なのは、エクスプレッションという授業である。コントは、瞬時に喜怒哀楽をあらわす。その訓練のためである。古代真琴、山本アキラという講師が、生徒たちに命じる。

「はい、泣いて！」

「はい、もっと激しく泣いて！」

生徒たちは、命じられた感情を自分なりに表現する。この表現力を高めるエクスプレッションの授業は、「NSC大阪」にはない。大阪では、日常会話そのものが漫才のようで、そのときそのときで豊かに喜怒哀楽をあらわす。わざわざ表現力を訓練をする必要はない。ところが、東京は頭ではおもしろいネタを考えていながらも、うまく表現できない生徒が多い。ひとに伝えて笑わせる技術を基本的に持ち合わせていない。そこで、喜怒哀楽を表現するための体の動かし方を学ぶために採り入れた。ダンスやエクスプレッションは、お笑いに重要な間《ま》、テンポを体得するために重要だと思って採り入れた。一見、漫才やコントにはかかわりのないと思える授業をおろそかにする生徒はまず、ネタを演じさせてもおもしろくない。伸びる生徒は、ダンスなりエクスプレッションを真面目に、ひとつひとつ問題意識を持って取り組んでいる。

四月に入学した生徒がめきめきと力をつけてくるのは、だいたい夏になってからである。

九月に行われるライブ日程が、目と鼻の先になってくるからである。それを見据えて、目の色を変えてくる。

九月ころになると、各講師陣は、クラスから選抜コースに上がる生徒を発表する。生徒たちは、ここで初めてふるいにかけられる。選抜コースに進めるということは、プロへの道が一歩近づいたことになる。何組が選抜コースに進むかは、講師の判断による。十組を選ぶ講師もいれば、二十組を選ぶ講師もいる。選び方も、ネタの内容から顔つきまでそれぞれである。

選抜コースに入ると、これまでおよそ二分程度しかもらえなかったネタ見せの時間が大幅に増える。これまでの同じ時間で、十組ほどだけが演じるからである。もっと実践的に、ラジオに出たときの状況でのトークや、大喜利もさせてみせる。さらに、吉本興業のおこなうイベントにも出られる。

ナインティナインは中途退学のような形となって出た

入学後、芸の道も甘くないことを認識した生徒たちは、しだいに自主退学していく。校長らは、彼らが相談に来ないかぎり、フェードアウトしていくのを黙って見ている。卒業すれば資格が取れるものなら、励ましもする。だが、資格など取れない。しかも、芸の世界では、本人の気持ちがなによりも大きい。「有名になりたい」「自分の芸をたくさんのひとに見せたい」という本人の気持ちが強くないと、手の打ちようがない。

しかし、自分で、だめだと納得するまで真剣に取り組まないと、あきらめきれない。なにに関しても潔《いさぎよ》さこそ肝心である。

「せっかく人生賭けてやろうとして入ってきたのだから、悔いのないように懸命にしなさい」

事あるごとに、生徒たちには言っている。

「NSC大阪」では、NSCを中退した笑い飯、面接で落ちた千鳥がプロとなった。ナインティナインも、中途退学のような形になっている。

卒業を間近に控えた平成十七年の三月三十日、三十一日の両日、渋谷区恵比寿の「恵比寿エコー劇場」で、「NSC東京」第十期生の「ルミネへの道・予選会」がおこなわれた。オーディションのエントリーは、百四十組。出席日数が足りていれば、誰でも出られる。

一年の締めくくりでおこなうオーディションでは、完全にお客の投票で順位を出す。投票用紙には出演する生徒たちの芸名が書いてあり、お客はおもしろければその芸名の横にある空欄に「〇」をつける。

そのお客たちのつけた「〇」の数と、審査員のつけたポイントを合わせて総得点となる。

オーディションで上位に来る生徒は、ほぼ八割から九割のお客が「〇」をつける。それから、お客の半分がおもしろいと思うレベル、さらに、ごく一部だけ、コアな笑いが受ける層がいる。ゼロポイントの生徒もいる。

ここで、審査員から二票を得るか、あるいは、審査員からの票、お客からの票を合わせた総合ポイントで四・五ポイント以上を獲得できると、四月十七日に「新宿ＳＰＡＣＥ１０７」でおこなわれる「ルミネへの道・本選」へと出場できることになっている。決勝大会に行けるまでのポイントを獲得したのは、三十八組であった。上位に入る生徒のうちの十組ほどが芽が出るかもしれない。

その下のクラスにいても、なにごとにも積極的で、いろんなことで先生に相談に来る。そんな生徒が二十組から三十組いる。そのなかで、ものになるかどうか期待をかけるのが上位の十組ほど。合わせて二十組ほどが、芸人として残るかもしれないと期待している。

毎年十組ほどが五年くらいは残る。そのうち、二組から三組はテレビに露出するプロになる。鈴木は、この数に満足はしていない。せめて花の四期くらいの数を当たり前のように輩出させたい。そうでなければ、吉本興業全体の利益にもつながらない。

ただ、芸人として生き残る確率は徐々に低くなっている。人数が増えたことも、それにはかかわっている。かつて四期、五期のころは卒業生が百人ほど、四十組から五十組しかいなかった。それくらいの数であれば、「森三中というおんなばかりの三人組はおもしろいらしいぞ」との情報が鈴木の耳に入ってきた。しかし、入学人数が五百人にも六百人にもなり、卒業するのが百組を超えてしまうと、だれがだれだかわからない。才能がある、一部の生徒のことはわかるが、それ以外はわからない。

選抜コースからはずれようとも、本人があきらめないのであれば、いくらでも続けさせる。吉本興業から切ることはいっさいない。

NSCを卒業し、まずチャレンジするのが会議室芸人である。いわゆる、吉本興業本社の会議室で、月に一回、吉本興業の若手社員の前でネタ見せをする。およそ三百五十人が、この「会議室」に挑む。

ただ、芸人は、ひとに見られたい欲望の塊《かたまり》である。それが、月にたったの一回、しかも会議室でネタ見せするだけでは物足りないはずだ。しかも、会議室のネタ見せには二百から三百の芸人が集まる。見ている側も、ひとつひとつ細かくダメ出しはできない。ネタが終わったら、つぎのネタにと、ネタを咀嚼《そしゃく》する間もない。評価は、数日後に、AからEのランクづけで終わりである。

あるコンビは、石に齧《かじ》りつく思いで一所懸命ネタを作った。ところが、会議室で下った評価はＤ。

しかし、そのコンビはあきらめなかった。

「またつぎに、がんばるぞ」

それでも、またＤ評価。

「よし、つぎこそ死ぬ気でやるぞ」

三度目に見せたネタは、今度はあろうことかＥランクに落ちてしまった。

コンビのうちのひとりは、さすがに落ち込んだ。

「おれ、やっぱり向いてないのかな」

自分の才能を見せつけられ、ついに病気になってしまい、そのコンビは解散した。そんなことも、特別なことでもなんでもない。

しかし、芸人を目指すひととなかなか顔を合わせる機会はない。相方を見つけることができず、そのままずるずるとタイミングを失って消えていってしまう例もある。

次に、渋谷のシアターＤでおこなわれる渋谷新人計画。エコノミークラス、ビジネスクラスにそれぞれ三十組ずつ芸人がエントリーしている。会議室上位五組だけは、新人計画というライブに出ている芸人のうち、下位五組と入れ替わることができる。

もっとも高いレベルで新宿の「ルミネｔｈｅよしもと」の「5じ6じ」「7じ9じ」の

舞台に立つ。

平成十六年の十期生で、「ルミネtheよしもと」にすぐ出られるようになったのが、三組。渋谷新人計画のビジネスクラス、あるいは、エコノミークラスに出られるようになったのが、三組あった。百四十組中、六組がプロの舞台にいきなり上がった。だが、十四組だった平成十五年度にくらべると、半分以下であった。低調だった。

開設当時さすがに赤字だった学校経営も、単体であれば採算は取れている。しかし、吉本興業全体の利益を考えると、もっと多くの芸人を輩出しなくてはならない。「NSC」は、受け入れて育て上げるだけでなく、芸人としての力を発揮し続けられるような階段を作らなくてはならない。

花の四期はプロの芸人を多く輩出した

平成七年の開設時における東京校のお笑いコースの入学者は約百五十人。二期から四期まではそれぞれ二百人だったが、それ以降、伸びた。第五期で三百八人、第六期が三百八十四人、第七期が三百七十八人、第八期はいきなり六百四十一人まで増えた。第九期は五百四十三人、第十期は四百八十九人が入学した。

その期その期で、特徴がある。仲が良すぎるほどにいい期もあれば、ギスギスした期もある。不思議なことに、その期のトップをとる生徒の個性がそのまま反映される傾向にある。人気のある芸もその期によって異なる。五期には、演劇志向の強い子がトップだったこともあってコントが多かった。ここ数年は、M—1ができたおかげで漫才を志向する学生が増えた。

十年近く見てきた校長らの眼から見ると、生徒たちは全体的におとなしくなっている。校長らがいったことはきちんとする。しかし、いわなければなにもしない。書類の郵送を頼んだ場合、わざわざ「これは切手を貼らないといけないんですか」と訊いてくる。マニュアル世代ともいうべきなのか。自分から動くことがなかなかできない。

「NSC東京」の一期生では、品川庄司ひと組しか残ってない。およそ百五十人ほどの入学者のうちのひと組である。

第二期生には、カリカ、ハローバイバイ、ガリットチュウ、佐久間一行、サブミッションズ（解散）、増谷キートン、くまだまさし。

第三期生には、トータルテンボス、はいじぃ、ポテト少年団、永井佑一郎（アクセルホッパー）、グリンティ。

これまでプロになった人数が多いのは、第四期生。〝花の四期〟とも呼ばれる。インパルス、ロバート、森三中、POISON GIRL BANDなどの五グループ、ピン芸タレント三人がプロとして活躍している。第四期は二百人が入学し、そのうち、卒業まで残ったのが半数近い九十人であった。全体のレベルが高く、切磋琢磨《せっさたくま》したために多くの芸人が活躍している。

さらに、第四期生には、目標意識が高く持てる環境が整っていた。彼らが入学した平成十年のその年、銀座にあった「銀座七丁目劇場」が平成十一年一月をもって閉まることが決まった。その「銀座七丁目劇場」に、「NSC東京」在学生たちにも出演する機会があたえられたのである。それをきっかけに、品川庄司らの諸先輩と同じステージに立てた。二年後には、新宿に「ルミネtheよしもと」が開設された。しかも、平成十二年四月から、フジテレビの深夜バラエティ番組「新しい波8」、通称「なみはち」がオンエアされた。無名の芸人が主役になり三十分間ネタを上演できる、夢のような番組であった。この番組で、ロバート、インパルスが見出された。

森三中、山田花子、友近、だいたひかるのあとに続け

鈴木が、この十年間で、在籍中の生徒のうちこの生徒は売れるだろうと思えたひとりに森三中の大島美幸がいる。体格がよくて見栄えがする。そのうえ、性格がよく、演技力がありバイタリティもあった。

ピン芸であった大島が、村上知子、黒沢宗子のふたりで結成した森三中に加わったのは、「銀座七丁目」を閉めるに際しておこなわれるライブのためのオーディションの後だった。大島は、そのオーディションに合格していた。その彼女がいきなり、村上と黒沢と組んでライブに出してほしいといってきたのである。村上と黒沢にすれば、ずる賢い計算もあったのかもしれない。オーディションに合格している大島に、そのままついていけばライブに出られるのである。

ただ、女の子三人トリオはめずらしかった。三人のトリオになったことが、結果として、三人を生かすことになった。

女性の比率は全体の一割に満たない。女性の芸人はいまだに絶対数が少ない。いわゆる、〝おんなを捨てた〟、体を張った笑いをとれる女性芸人は、数年前までの久本雅美くらいなものだった。久本は、男性芸人でもできないほどの下品なことでもやってのけた。その後、オセロ、北陽が出てきたものの、個性を持っていて、うまく表現できるなら充分に売れる。

女性の多くは、卒業してから続かない。芸人として本気で生きていこうとする女性は少ない。

吉本興業も、女性芸人を売り出したい。いま売れているのは、森三中、山田花子、友近、だいたひかるなどでまだ少ない。

平成十七年の春に卒業した第十期生のコンビ少年少女は、これまでにない笑いができあがるかもしれない。美人でもぶさいくでもない、どこにでもいそうなふたりが、OLに扮して淡々と話すだけ。そのなかに笑いがある。「ルミネへの道・予選会」では、総合点十二位につけた。それでもいまは、会議室。

高橋が思うに、女性の場合、女性であることを忘れてがんばっているのが勝つ。女性同士でコントをするときには、どっちかが男を演じる。どちらかが男に徹しないといけない。ところが、女性コンビでは大抵はそうはなっていない。男性と女性の会話でも、女の子同士の会話になっている。しかし、宝塚劇団の男役とは違って、お笑い芸人の男役はあこがれにはならない。女性を吹っ切るのは難しいかもしれない。

女性三人の森三中も、男に混じって仕事をしている。熱いおでんを体につけられたり、お腹も見せる。村上は、ダウンタウンの浜田雅功におっぱいをさわられてもかまわないとばかりに堂々としている。体を張っている。

ロバートはそれぞれピン芸人として花を咲かせた

ロバートは、幼稚園からの幼馴染《おさななじみ》である秋山竜次と馬場裕之に、板倉俊之が加わっていた。ボケ役の秋山と馬場のふたりに、板倉がツッコミを入れる。それが当初のロバートのパターンだった。

秋山は、ＮＳＣ時代から才能があった。ネタの選び方がうまく、流行っているものを察知して取り込む。そのうえ、ネタには、見ているひとたちにこう見せようという意図がつねに伝わっていた。

ネタ見せを担当する講師の高橋裕幸は、秋山が、自分も気づかなかった見方をしていて、感心することが何度もあった。しかし、板倉は、三人組だと「まわし」、いってみれば、司会役に徹するしかない。それでは物足りなかった。ボケ役にまわりたかった。

板倉は、同期の堤下と組めば、いいボケになれると思った。ロバートから離れて、堤下とインパルスを結成した。

いっぽう、ロバートは、ＮＳＣで出会った山本博を入れてツッコミ役にした。山本は、はじめは足を引っ張っていたように、高橋には見えた。ところが、最近は山本が前に出てくるようになった。ボケのふたりを料理できるようになった。

ボケとツッコミでは、ツッコミのほうがテクニックが必要である。いいツッコミ役は、そのテクニックをみずから貪欲なまでに磨きに磨ける。そして、鋭いツッコミでボケを生かす。しかし、なかなかそのような生徒はいない。

コンビだけでなく、クラスのなかでも、いいツッコミをする生徒の存在はとても大きい。

授業内でもさまざまな場面でいいツッコミを入れるおかげで、ボケ役のひとたちが伸び伸びとボケられる。花の四期生が残っているのは、ボケを生かす堤下のようなツッコミがあったからかもしれない。タレントや漫才で八組、十三名が残る二期生にも、ハローバイバイの金成公信というツッコミ役がいた。おかげで、ピン芸人が伸び伸びと生き残っている。

卒業後「辞めるのはもったいないという生徒もいる」校長

この生徒はいずれ売れると期待したものの、卒業と同時に芸の道を断念する生徒もいる。いろんな理由がある。経済的な問題、彼女の妊娠、親御さんが倒れたといった家の事情……さまざまな理由がある。ロバート、インパルス、森三中などが出た花の四期に、ジャングルジムという漫才コンビがいた。花の四期を引っ張るリーダー的な存在であった。順調に伸びればかならず売れっ子になると信じていた。

ところが、ジャングルジムのひとりが、いきなり辞めると言い出した。

校長らが引きとめたものの、彼の決意は固かった。

「もっとまともな人生を送りたいんです」

彼の決意は覆《くつがえ》ることはなかった。

「もったいない」

校長らは、そう思った。たしかに、その時点では、ロバート、インパルス、森三中よりはやや腕が落ちた。ただ、三年目の段階で、まだまだ伸びる余地はいくらでもあった。しかし、本人の気持ちが動かなければ意味がない。本人も、卒業後、限界を感じていたのかもしれない。

第五期生には、三瓶、ピース、ラフ・コントロール、キシモトマイ、5GAP、平成ノブシコブシ、ポロロッカ、大西ライオン。

五期生に、線香花火というコンビもいた。原偉大と、のちに芥川賞を受賞した又吉直樹のふたりが組んでいた。線香花火は「NSC東京」卒業後、とんとん拍子で出世した。かなり早い時期、深夜のレギュラーが決まってしまった。コンビのうちの、原が天狗になった。ネタの練習を、いっさいしなくなった。

又吉は、どんなに言っても言うことをきかない相方に愛想をつかした。

「こんなやつとは、組んでられない」

線香花火は、解散した。又吉はほかの相方を探してピースを結成した。原は、構成作家になるといったまま消えてしまった。

第六期生には、ロシアンモンキー、アームストロング、マキシマムパーパーサム、ジャムトランプ、有本おっさん、はんぺん、残暑。

第七期生には、ミルククラウン、LLR、ピカソ利光、西村ステッキ、ビンゴ！、大蛇が村にやってきた、ですよ。、芸人気質、子宝、シン、カジキマグロ。

第八期生には、こりゃめでてーな、ジャンピングニー、セブンbyセブン、グレートホーン、キャベツ確認中、岡崎竜二、ガブ&ぴーち、若月、小谷直大、けけけサイトー、おにぎり。

第九期生には、オオカミ少年、ハリセンボン、天狗、水上拓郎、ゆったり感、しずる、小春日和、ライス、出雲阿国、エリートヤンキー、えんにち。

第十期生には、オリエンタルラジオ、ゆかいパン（解散）、サンゴ礁、フルーツポンチ、カントリーロード、赤池島田、マイムマイム、ハングリータイム、イージーキッチン、はんにゃ、大好物。

第十一期生には、ゆう太だい介、エド・はるみ、チョコレートプラネット、パリコレ、シガーロング、タカダ・コーポレーション、上原チョー、シソンヌ、笑南、バウンサー、シネマコンプレックスらがいる。

「キッズコース」で次代のスターを育成している

「キッズコース」と命名して開講していた子供向けの講座をあらためて「よしもとNSC

ジュニア（子供お笑いコース）」として、平成十七年六月から開講した。劇団ひまわりと似ているが、吉本興業がいくらジュニアに力を入れたとしても、得意分野はバラエティになる。そこで、お笑いやバラエティ出演に特化したバラエティキッズを養成することにしたのである。

小学生から高校生までを対象とし、土曜日日曜日の週末二日だけが授業になる。かつて明石家さんまが出演していた「あっぱれ　さんま大先生」で人気を博した内山くん、掛布くんのようなキャラクターの子供が出てくるかもしれない。

「ＮＳＣ東京」では、週に二本から三本は電話での相談を受ける。

「子供をお笑い芸人にさせたいんですが、どうすればいいんですか」

ＮＳＣにキッズ部門があることを説明し、もしも通えるところに住んでいるのであれば、説明会の日程を知らせる。そのたびに、時代が変わったことをつくづくと感じさせられる。

お笑い芸人になりたいなどといえば、かつては頭ごなしに反対された。それがいつの間にか、お笑い芸人は、子供にさせたい職業のひとつになっている。それは、時代の流れであるのかもしれない。

しかし、そのいっぽうで、お笑いが軽く見られているのではないか。ＮＳＣに入ってくるなかにも、クラブ活動の延長ほどにしか捉えていない生徒もいるという。

人前に出るまで、徹底して熾烈な争いを繰り返させる

お笑いは二枚目でなくてもいい。おもしろい顔つきであったり、むかしの桂枝雀《かつらしじゃく》のように舞台に上がっただけでほんわかとした雰囲気があったり、どこかでひとを惹きつけるなにかがあればいい。コンビとしても、背の高いのと低いのの組み合わせ、か細いのと太っているのの組み合わせ。そのほうがインパクトがある。

POISON GIRL BANDがいった。

「わたしたち高校出たあと、一年くらい社会人をやっておけばよかった」

高校だけの経験では、ネタにリアリティを持たせるのがむずかしい部分もあるという。POISON GIRL BANDは、やる気がなさそうなふたりがボケを繰り返しながら、相手の話に話をのせていく。しかし、ネタのときにはおもしろいが、カメラがまわらないところではおもしろくない。さらに、テレビのトーク番組では率先して前には出ていかない。話を振られればおもしろいことをいうので、もったいない。

校長らは、言っている。

「もっと前に出て行ったほうがいいよ」

現状として、お笑いのライブに来るのは女子中高生が中心である。若手芸人も、その二

十歳前の若い層を狙ったネタを演じている。しかし、若い世代、特に、劇場まで足を運ぶほどのファンは、嗜好《しこう》の移り変わりが激しい。おもしろそうな芸人が出てくれば、それまで応援していた芸人からすぐに鞍替えする。また新しい芸人が出てきたらその芸人へと、次から次へと乗り継いでいく。

若手芸人が生きていくには、いま応援しているファンの移ろいやすさに気づいて、いかに自力をつけていくかである。

校長らは、卒業生たちに釘を刺す。

「いきなり売れたとしても、それは一時期で、本当に実力をつけないといけない。それを怠ると、つぶれるぞ」

「NSC東京」で一番はじめに売れたのが、第五期生の三瓶であった。生徒のときには、ロールスロイスと名乗っていた。卒業とともに、三瓶と芸名を変えた。「ルミネtheよしもと」に業界のひとを集めたときのレセプションで注目を浴び、フジテレビのおすぎとピーコが出演する深夜番組に出演した。おすぎとピーコにべたぼめされた。その後、「笑っていいとも！」に出て、ブレイクした。ネタは、「自分は太っていて、でぶなんだ」というと、いきなり舞台で走り始めて、「ランデブー」とそのままのギャグをかます。わかりやすいので、中高生に受けた。

が、一時期の勢いは失せている。

三瓶などの試行錯誤しながら頑張っている芸人には、手を差し伸べてあげられればいいのかもしれない。しかし、それで復活したとしても、いったいだれの手柄なのか。作家の力であって、芸人の力ではないということになる。芸人にはなにかを掴むきっかけにはなるかもしれないが、その芸人の力を引き上げることになるのかどうか。アイドルであれば仕掛け方はいくらでもある。しかし、あくまでも芸人は芸人で、アイドルではない。自分で力をつけるしか生き抜けない。

三瓶は、そのことはわかっている。売れたころから、「自分の力をつけなくては」といい続けていた。高橋から見れば、もう少し動きを入れてみたりすればいい。いまに新たな方向性を見つけるに違いないと期待している。

「NSC大阪」は、平成十七年度でも、六百人を越す新入生が入った。一期目にくらべると、六倍以上である。「NSC東京」を合わせると、千二百人にもなる。吉本興業としてはあくまでも、芸人育成のための機関であるために、ここで利益を出すつもりはない。ひと組でも売れっ子芸人が出れば、一年分の人件費をはじめとした諸費用分はペイできる。

NSC独特の育て方があるわけではない。若者のなかには、NSCに入れば、お笑いの一から十までを手取り足取り教えてもらえると思っている者も多い。一年の研修期間が終われば、立派なお笑い芸人にしてもらえる。そう思っているのである。

入学試験の面接で、「なんかやってみて」と指示すると、「えッ」とおどろいた顔をする。しかし、ＮＳＣとしては育てるよりもむしろ、機会をあたえていると考えている。芸人を目指す才能のある若者たちが集まって、たがいに刺激し合う。そのことによって、才能が磨かれていく。

才能のある芸人は、大阪であれば、「ｂａｓｅよしもと」、東京であれば、「ルミネｔｈｅよしもと」のオーディションを受けさせる。

それで一人前の芸人になるのは、一年間でひと組出ればいい。芸人が、まったく出ない年もある。

いま、お笑いがブームになっているおかげで、芸人になろうという若者が増えている。ＮＳＣの入学生は、いまや東京・大阪合わせて千二百人にもおよぶ。これでも、最盛期にくらべれば減っている。

吉本興業専属の芸人は、人前に出るまで熾烈《しれつ》な争いを繰りかえしている。まず、いまや大阪校、東京校合わせて千二百人ものＮＳＣの入学生のなかから生き残らなくてはならない。ほかのプロダクションが設立した、少数精鋭で、マンツーマンで教える養成学校とは違う。在学中から熾烈な競争にさらされる。

さらに、劇場に出るまでのオーディションもある。

中井秀範は、強調する。

「吉本興業では、芸人たちが、一般のひとの目に触れる地上波に出演するまでには、何千人もの芸人と戦って勝たなければならない。表に出るときには、相当腕が鍛えられている。そのせいで、一度上に上がった芸人は、それほど簡単には落ちない」

「ルミネtheよしもと」がなぜすごいのか

東京都の新宿南口ルミネ新宿2の七階にある「ルミネtheよしもと」は、平成十三年四月二十七日にオープンした。出演者は、東京の吉本興業に所属しているテレビなどでもおなじみのメンバーが中心である。

現在メインとなる寄席形式の興行は、ウィークデーは、昼は、午後一時から三時までの「1じ3じ」。夜は、午後七時から午後九時の「7じ9じ」の一日二回。土日祝日は、午後一時から午後三時までの「1じ3じ」、午後四時から午後六時までの「4じ6じ」の二回の公演がおこなわれている。出演は、東京吉本の人気タレントと、大阪からやってきた一組、それに吉本新喜劇のメンバーである。

村上ショージ、今田耕司、東野幸治、130R、木村祐一、石田靖、山崎邦正、山田花子、島田珠代、藤井隆、千原兄弟、雨上がり決死隊、ロンドンブーツ1号2号、ココリコ、ガレッジセール、2丁拳銃、ペナルティ、まちゃまちゃ、レイザーラモン、タカアンドトシ、品川庄司、トータルテンボス、キングコング、ロバート、インパルス、森三中、POISON　GIRL　BAND、オリエンタルラジオらが出演している。

オープンから五年、「ルミネtheよしもと」は、東京に定着した。西村学支配人によると、四百五十の客席を埋めるほとんどは、女性である傾向が強いので、女性により多く足を運んでもらえる工夫も、これからは考えていきたいと思っている。現在、気をつけている点は、環境として、劇場に入りやすくする。トイレをきれいにしておく。その程度である。

吉本興業は、昭和五十五年に「制作部東京連絡所」を開設以来二十五年、平成六年には銀座に「銀座七丁目劇場」を、平成七年には渋谷に「渋谷公園通り劇場」を開設した。同じ平成七年には、東京に「NSC東京」を開校した。その試行錯誤を繰り返してきた積み重ねが、こうして「ルミネtheよしもと」に毎日満席になるほどお客の足を運ばせているのかもしれない。

西村支配人は、「ルミネtheよしもと」の舞台に上がる若手芸人のネタを絶えず見ている。女子高生をはじめとした若い女性たちが笑うところと、自分が笑うところはあきらかに違う。なぜそこがおもしろいのか、首をひねることもめずらしくはない。

特に、西村は、同じ芸人の同じ芸を何度も見ている。一度はおもしろいと思っても、二度目になるとおもしろさがどうしても薄れる。ところが、「ルミネｔｈｅよしもと」に通う熱烈なファンは、同じところで、何度でも笑う。


女子高校生もガッチリ取り込んだ「大阪流お笑い」


芸人は、いまやアイドル的な存在になっている。おもしろい男性を好む女性が増えてきている。それは、明石家さんまや島田紳助の影響かもしれない。スタアを招いてツッコミを入れる「踊る！　さんま御殿‼」をはじめとしたバラエティ番組に、会話をおもしろくしない二枚目俳優が出てきてもそぐわない。いまや、いかに二枚目の俳優であろうとも、会話をおもしろくできないと、二枚目として映らなくなっている。

女性の芸人にしても、かつては、見た目がかわいい女性漫才師は、ほとんどいなかった。最近は、北陽やオセロのように、かわいい芸人が増えてきている。ほぼ六〇％は女性客であるため、女性の漫才師で人気を出そうと思えば、女性に好かれるキャラクターでないといけない。芸を磨くだけでなく、かわいさもいる。

平成十七年四月からは、それまで若手芸人がメインで上演していた夕方四時半から六時までのイベント「80バトル＋」をリニューアルし、午後五時から六時までの「若手ｔｈｅよしもと5じ6じ」を始めた。渋谷にあるお笑い専門ライブハウス「シアターＤ」などの小さな劇場でネタを披露して力をつけてきた芸歴十年未満の芸人たちで、舞台を作りあげる。ウィークデーの「7じ9じ」は、さすがに女子高生が見るにはきつい時間帯だが、この「若手ｔｈｅよしもと5じ6じ」ならば、見ることができる。つねに満席になるように努力を積み重ねている。

西村支配人は、平成十七年二月に「ルミネｔｈｅよしもと」へ大阪から赴任してきた。吉本興業に入社しておよそ三十年、五十四歳にしてはじめての東京である。西村が吉本興業に入社したころは、箱根の山を越えると、大阪の芸は、だれからも相手にはしてもらえない。真面目にそう言われていた。映画やドラマではかならずといっていいほど、脇役のひとりに大阪弁や関西弁を使った三枚目がいる。しかし、それが主役となると、拒《こば》まれる。そのような風潮があった。

それが、明石家さんま、島田紳助がＭＡＮＺＡＩブームに乗って、東京に進出したことで変わってきた。大阪と東京の人的交流が深まり、おたがいの文化の交流の度合いも深くなった。それだけ、大阪のお笑い文化が東京にも浸透した。

一方、西村が吉本興業に入ったころには、大阪では、「おまえ、それは吉本の色やで」「それは、松竹芸能の色や」と言われて、はっきりとした色合いの違いがあった。ひと言でいえば、松竹芸能は、藤山寛美を象徴とする人情喜劇的な色合いが強かった。段取りをきっちりと踏んで笑わせる。吉本はといえば、もう少し乾いていた。笑わせて笑わせ倒す。ハチャメチャがあった。

「ルミネtheよしもと」を中心に活動している東京所属の吉本興業の若手でも、吉本興業の創業地である大阪の雰囲気をどこかで受け継いでいる。それでも、東京と大阪が混じると同時に、テレビ業界でも、人が入り混じる。そのうえ、東京と大阪だけでなく、地方地方との人的な交流が深まることでも笑いが混じり合う。いわば、日本はいま、それまで各地で独自に存在していた笑いの文化がかき混ぜられている。それらさまざまな交流が、吉本興業とほかの芸能プロダクションとの垣根を低くし、それぞれに所属するタレントの特色は薄まった。

お笑い界のトップを走るためにも東京を押さえる！

ホリプロ、サンミュージック、ナベプロなどこれまで歌謡を中心としてきたプロダクションがお笑いに進出してきたのは、つねにお笑いではトップを走ろうとしている吉本興業にとって脅威である。

が、西村支配人は、この傾向を前向きにとらえている。

〈その反面、お笑いの裾《すそ》野が広がる。チャンスでもある〉

西村は、現在のお笑いブームは、かつてのMANZAIブームとは違うととらえている。MANZAIブームは、メディアが、明石家さんま、島田紳助、ビートたけしなどの目を惹く若い芸人を引き抜いて盛り上げた。現在のブームは、それに対して、育てあげた芸人たちが活躍している。芸人の数も、規模も、数段上回っている。かつてのMANZAIブームのようにはなかなか廃《すた》れないのではないか。東京でも、笑いが文化として根づく可能性が大きい。ただし、規模が大きい分だけ、若手芸人のすべてが生き残れるわけではない。多く出ている若手芸人のうち、どれだけが長続きしていくか。長続きするかしないかは、芸の善し悪しだけではない。もっとトータルなものである。

ただし、「ルミネtheよしもと」は、北海道から沖縄まで全国の客を集める大阪の「NGK」にくらべると、東京近辺からのお客しか呼べていない。「NGK」のように千人規模のお客を呼べる劇場を東京に作るためには、まだまだ努力をしていかないといけない。芸人の数も、あきらかに足りない。

裏を返していえば、東京にはそれだけまだまだ伸びる余地がある。ひと花咲かした年輩芸人が多い大阪とは対照的に、伸び盛りの若手芸人が多く、その芸人たちが努力さえ続けて盛り上げていけば、「ルミネｔｈｅよしもと」も、何十年とやっていける。

その日のために、吉本興業は、千人規模の新しい劇場を東京に作れるだけの環境作りをすすめている。四百五十人を収容する「ルミネｔｈｅよしもと」をフル回転させて、売上も上げていく。もっと「ルミネｔｈｅよしもと」を認知してもらって、大阪ほどの劇場に認知してもらうようにする。母親と娘がいっしょに、「ＮＧＫ」に足を運ぶ大阪のように、東京にもお笑いを根づかせる。

お笑いをふくめたエンターテインメント産業の規模は、ほぼ決まっている。そのなかで、お笑いの占める割合というのは、まだ小さい。しかし、多彩なお笑い芸人たちが、映画にも出演し、ＤＶＤも出す。舞台だけでなく、多方面に広がっていければ、お笑いの占める割合がおのずと増えていく。

「ＮＳＣ大阪」出身のフットボールアワーの場合

平成十五年の結成十年未満の若手漫才師トーナメント・Ｍ—１グランプリで優勝し、人気急上昇のフットボールアワーのツッコミ役である後藤輝基は、昭和四十九年六月十八日、大阪市阿倍野区に住む、ごくふつうのサラリーマン家庭に生まれた。

後藤は、幼いときから、お笑い芸人になろうと思っていた。学校で、みなの前で、テレビ番組の真似をして、同級生たちを笑わせることが楽しかった。好きな漫才師は、はな寛太、いま寛太であった。テンポの早い漫才師が多いなか、なんともゆっくりなテンポで笑わせる。そのスローテンポがとても好きであった。

本気で、吉本興業に入ろうと思ったのは中学生のころからだった。

親は、かなりきつく反対した。

「やったって、無理や。あんたがそんなことしたって、無理や」

後藤は思った。

〈そんなの、やってみんとわからんやないか〉

反対されれば反対されるほど、後藤の意志は強くなった。高校を卒業し、二十歳となっていた平成六年の十月、後藤は、吉本興業の芸能養成所である「NSC大阪」に入った。この年は、通常の春期だけでなく秋期にも生徒を募集していたのである。それだけ、芸人になりたいと思う若者が多かった。第十四期生は、六百人。

後藤は、大阪弁でいうところの、「いちびる」、つまり、はったりをかまして騒ぎ立てるようなひとくせもふたくせもある者たちが集まるところと期待していた。後藤が追いつこうにも追いつけないようなずば抜けた素質を持った、芸人になるべくして生まれてきたようなのがそろっている。自分は、そんなすごい連中と鎬《しのぎ》を削り合う緊張感に満ち満ちた日々を送れる。そう思いこんでいたのである。

ところが、そんなのは六百人入ったうちのわずかひと握りにすぎなかった。拍子抜けした。

「NSC大阪」では、相方を見つけて漫才コンビを組むことになっている。後藤は、同期生のなかではエリート的な存在であった仲間と組んで後藤・天満を結成した。相方は、後藤とは対照的に社交的で明るい、気のいい男だった。後藤は、ボケ役にまわった。

よく「NSC大阪」の関係者たちからも、言われた。

「秋の募集で入ってきた生徒は、ふわふわしたやつが多い」

その六百人のなかでいまだに芸人として残っているのは、フットボールアワーのふたりくらいである。

岩尾の芸は本当に暗かった

のちに相方としてフットボールアワーを結成する岩尾望は、昭和五十年十二月十九日、大阪市で生まれた。公務員をする両親のもと、きわめて手堅い真面目な家庭の一人っ子として育った。人見知りするタイプで、自分から積極的に仲間と騒ぐことはなかった。いつもだれかが誘いに来て、遊びに出る。もしも誘いに来なければ、家で大好きなお笑い番組を見続ける。いわゆる、暗いタイプの子供であった。

岩尾は、お笑いの番組はなんでも見た。大阪の放送局だけではなく、東京から流れる番組、ドリフターズの「8時だョ!全員集合」、ビートたけしや明石家さんまが出演する「オレたちひょうきん族」、さらに、とんねるずの番組も見た。

そんな番組を見ながら、漠然と思っていた。

〈おれも、芸人になれるんちゃうかな〉

クラスのなかでもしゃべらず、いっさい笑いをとることもない。そんな岩尾には、なんの根拠もなかった。それでもなお、自分にはできるとの自信のようなものがあった。岩尾自身忘れてしまっていたが、じつは、小学校の卒業記念文集で、将来の夢として「お笑い芸人」と書いていた。

お笑いの芸人といえば、幼いころから、まわりの子供たちを集めて笑わせる人気者的なイメージを抱きやすい。しかし、フットボールアワーに限らず、ふだんはおとなしくて物静かなタイプ、どちらかというと、斜にかまえて物事を見ているひとが多い。

岩尾は、高校三年生のとき、本気で「NSC大阪」に入ることに決めた。しかし、いきなり両親に「お笑いに賭ける」と宣言してフリーターをし始めると、おそらく親は反対する。アルバイトをしながらNSCに通うのもしんどそうだった。そこでまず、大阪にある関西大学の社会学部に入学した。

その半年後の平成六年秋、「NSC大阪」に密かに入った。NSCに通うかたわら、大学にも通った。両親には、NSCに通っていることなどいっさい話さなかった。

岩尾は、ドレスという名のコンビを組んだ。相方は、同じ大学で知り合った仲間である。岩尾とその仲間が組んだドレスの芸は、暗かった。岩尾の書く漫才やコントも明るくはないうえに、ツッコミ役の大学の仲間も、とても活発なタイプとはいえなかった。客席から見ると、舞台の上で、二人の暗い男が客席も見ずに向かい合ってぼそぼそ話している。そんな芸であった。

ところが、そのふたりが作り出す奇妙な間合い、空気は、まったくお客に相手にされないわけではなかった。大きな笑いはとれないものの、一部では受けた。後藤も、それなりに評価していた。

岩尾は、ドレスで、吉本興業の経営する心斎橋の「心斎橋筋2丁目劇場」に出るようになった。若手の芸を披露する劇場で、ダウンタウンもそこから巣立っていた。

が、岩尾は、それでも、両親には黙っていた。

岩尾が大学三年生になったある日、家に帰ると、母親から封筒を渡された。

「こんなの来てるけど、これ、なに？」

母親は、岩尾宛の「吉本興業」と書かれた封筒を差し出してきたのである。そのころ、舞台に一回立つごとに、五百円から千円の手当がもらえた。その明細が送られてきたのである。

岩尾の口から、「芸人をやっていきたい」と聞かされ、さすがにおどろいた。ただ、頭ごなしには反対はしなかった。

「まあ、もうちょっと、考えてみて」

そういったきりだった。それからは、一度も話をしようということはなかった。

岩尾は、両親に宣言しながらも、迷っていた。

〈このままで、ええんかな……〉

吉本興業からは、どんなに素質がなくても、「辞めなさい」とは言われない。その代わり、力がなければ仕事がまるでない。自称芸人はいくらでもいる。仕事が来るということは、まったく素質がないというわけではない。しかし、中途半端なまま、三年間ほどコンビを続けていた。そのことに、ひっかかりを感じていた。

後藤・天満を解消した後藤は、あらためて、だれかとコンビを組もうとは思ってはいなかった。お笑いの世界から退こうとは思っていなかったが、舞台に立つよりも、脚本家や構成作家といった裏方のほうが自分には向いているのではないかと思っていた。

コンビを解消してからほぼひと月たって、後藤が、やはりコンビを解消したばかりの岩尾に電話を入れた。

思いきって、誘ってみた。

「どうや、おれら、コンビ組んでみよか」

「ああ、別にいいけど」

岩尾は、乗り気のような乗り気でないような、いつものようにクネクネした口調で答えた。

じつは、岩尾としても、後藤とならコンビを組んでもいいとは思っていたのである。そのひと月ほど、いつ後藤から切り出してくるか、「なんで、早く、言うてこんのか」と待ち続けていたのである。

一度は、芸人を辞めようと思っていたふたりである。これまでとは、気合が違った。たがいに励まし合った。

「前みたいに、だれも見てないようなところでコソコソするのではなく、大きなところで、たくさんの笑いをとれる、日の目を見るようになろう」

「フットボールアワー」のコンビ名にした。

ふたりは、どちらがボケでどちらがツッコミかを決めていなかった。ふたりとも、前のコンビではボケ役だったので、ツッコミの経験がない。

後藤は、ツッコミは当然自分だと思っていた。

〈どちらも暗いけど、岩尾と比べると、自分のほうが明るく見えるやろう〉

それならば、自分がツッコミで、岩尾がボケが自然なのだろう。岩尾もそう思っているはずだと信じていた。

ところが、初めてネタを作ったとき、岩尾の言葉におどろいた。

「で、どっちがツッコミする？」

じつは、岩尾も考えていた。

〈なんやったら、おれがツッコミやってもええかな〉

後藤は、思わず、ツッコんでいた。

「いやいや、ちょっと待て。おまえは、無理やろう。おれがやるわ」

そのようなやりとりがあって、後藤がツッコミ、岩尾がボケと決まった。

もしこのとき、岩尾がツッコミとなっていたら、いったいどうなっていたのか。まったくコンビとして成立しないことはなかったかもしれないが、ふたりには想像がつかない。

ただ、ツッコミというのは、自分よりも相手の反応に対して、臨機応変に合わせていかなくてはならない面がある。岩尾は、一人っ子で育ったせいか、相手に合わせることが苦手である。岩尾には、その点でツッコミは難しかったかもしれない。向き不向きというところで見れば、岩尾にはボケが向いていたのかもしれない。そう考えるのであれば、ふたりの役割分担は正解だった。

ただ、後藤は、はじめのうちは、これまで経験したことのなかったツッコミという役にさすがになじめなかった。後藤は、ツッコミとボケとの役割の違いがこれほどまでにも違うものかとおどろいた。

フットボールアワーを松本人志、紳助が絶賛

ふたりが組んだことで、ネタは確実に広がった。これまでは、自分ひとりで作っていたので、マンネリ化して行き詰まってしまっていた。

たとえば、エビのお化けに扮した岩尾が、後藤の家に訪れるコントでは、エビのお化けが現れる設定ができるまで、何十もの設定を出し合った。

「こんなんは、どうやろ」

「それ、ちゃうなぁ」

まず簡単な会話があって、また一時間ほど黙って、たがいに頭を絞り合う。そして、アイデアを話し合って、また長い沈黙が続く……。

それを何十回も繰り返していくうちに、何かがふたりの感性に引っかかった。一度引っかかると怒涛《どとう》のようにアイデアが広がっていく。

漫才の場合は、一度できた作品に、さらに磨きをかける。何回も舞台で披露してお客の反応を見て、受けなかったところは削り、新たにおもしろい話を入れこむ。それを繰り返すうちに、ほとんど原型がなくなってくることもある。

フットボールアワーは、平成十二年一月、大阪のＡＢＣ放送が主催する「第二十一回ＡＢＣお笑い新人グランプリ」に挑戦した。みごとに最優秀新人賞を獲得した。

フットボールアワーは、平成十五年十二月二十八日におこなわれた第三回Ｍ―１グランプリに挑戦した。第一回、第二回にも挑戦し、三度目の挑戦であった。

ネタには、自信があった。「結婚記者会見」である。すでに、大阪の「ＮＧＫ」で披露して笑いをとれたネタである。小さな子供から、おじいさんおばあさんの高年齢、どの年齢層に関係なく受けた。これならば、かならずいける。自信があった。

まわりの声が、うるさかった。

「今度は、おまえらが、獲るんやろう」

だれもが、フットボールアワーがM―1グランプリを獲ると疑っていなかった。そのことが、後藤と岩尾に、プレッシャーとして重くのしかかった。

〈これは、獲らな、しゃれにならん。できんかったら、名前を落としてしまう〉

プレッシャーを取り払うのが、さすがにうっとうしかった。

六百六十三点を取り、最高点となった。

ダウンタウンの松本人志が、評価した。

「おもしろい。いいコンビですね」

紳助は、九十八点をつけた。

「完璧。技術力一番」

ベテランの中田カウスは、感心しきりであった。

「去年と比べると、いやぁ、すごい成長ぶりやな。コンビのコントラストもいいし、ネタの運びもいい」

最終決戦に進んだのは、フットボールアワーと、前年も決勝に進出した笑い飯、敗者復活戦で勝ち上がってきたアンタッチャブルの三組であった。

フットボールアワーは、「SMタクシー」で、みごとに優勝を果たした。

後藤は思った。

〈よかった、なんとか、面目を保った〉

オーディションからチャンスを摑んだタカアンドトシ

吉本興業のオーディションからチャンスを摑む芸人もいる。タカアンドトシのコンビもそうである。

吉本興業の若手芸人タカアンドトシのボケ役であるタカこと、鈴木崇大は、昭和五十一年四月三日、札幌で生まれた。

タカは、小学校の四年生になったころから、授業中に野次を飛ばしたりして、同級生たちを笑わせた。「おもしろいやつ」と言われるようになった。札幌市内の西岡北中学一年生のころは先輩たちから目をつけられるので控えていたが、中学二年生になると、小学校からの友達と漫才コンビを組んだ。背が低い相方と背が高いタカとのコンビであるから、コンビ名を「アンバランス」とつけた。文化祭で披露したショートコントは、かなり受けた。学校一のひょうきんものになった。

その中学二年生になった平成二年、ひとりのアイドルに憧れる。そのアイドルは、いつも大きな瞳をクリクリとさせ、はきはきとしている。そんな元気な姿に魅了された。牧瀬里穂であった。

自分もお笑い芸人になって名前が売れれば、牧瀬里穂と会える。

アンバランスを組んでいる相方に、決心を打ち明けた。

「本気で、お笑い芸人になる」

が、相方は、乗り気ではなかった。

タカは、ガックリした。

〈プロになるには、こいつとじゃあ、だめだ〉

タカは、相方に見切りをつけた。アンバランスは解消し、新たな相方を探すことにした。

タカの頭に新しい相方として瞬時に浮かんだのは、トシこと三浦敏和であった。トシは、西岡北中学に、中学二年生のときに転校してきた。なにかのきっかけで一度話しただけだったが、トシの話に腹を抱えて笑った。いつも人を笑わせる自分を笑わせることができた。

タカは、さっそくトシに誘いをかけた。

「なあ、おれとコンビを組んでお笑いやらないか？」

「ああ、やろうか」

トシは、気軽に答えた。

三浦敏和は、昭和五十一年七月十七日に旭川市で生まれた。中学二年生のときに、タカのいる西岡北中学に転校した。タカと同じくお笑い番組を見たり、ひとを笑わせるのが好きだった。タカに即答したのも、タカのようにプロになるという意識からではなく、あくまでも遊びのつもりだった。

西岡北中卒業後、タカは北海高へ、トシは札幌南陵高校へと、別々の学校に進学した。高校が別のうえ、トシは陸上部に所属して円盤投げをしていたので、ふだんは時間がとれない。お互いの家も、自転車で行けば片道でも一時間半ほどかかってしまうほど離れていた。そこで週に一回、どちらかの家に泊りがけで遊びに行った。

タカが考えてきたネタで漫才をし、八ミリビデオカメラに録画した。それをテレビに映して笑っていた。

どちらがツッコミで、どちらがボケか。そのような役割分担はさすがになかったが、タカが書いてくるネタはボケばかりで、自然にトシがツッコミを入れるようになっていた。タカアンドトシのスタイルは、そのころから自然にできていたのである。

タカ、トシが高校三年となった平成六年四月、吉本興業が、札幌事務所を開設した。道産子タレント発掘のために、オーディションをおこなった。会場のお客を審査員とするオーディションで、五回優勝すると吉本興業の所属芸人となれる。

ふたりのテンポのいい芸は、会場のお客に受けた。

トシから見ると、相方のタカは手応えを感じているように見えた。プロのお笑い芸人になるという決心がますます固まったようだった。

しかし、トシはまだプロになる決心がつかなかった。

高校卒業が近づいて、トシは、担任に呼び出された。

「進路は、どうするんだ」

トシは、とっさに答えた。

「吉本興業に、行きます」

「ああ、そうか」

担任からは、意外なほどあっさりした反応が返ってきた。トシが、吉本のオーディションを受けていることも知っていたからである。

トシの両親も、本当にトシが芸人になるのかと半信半疑だった。だが、大学に行ってサークル活動をするようなつもりでやるのだろう。それくらいにしか思っていなかった。それほど反対はされなかった。

「やりたければ、やりなさい」

そのような受け止め方であった。

いっぽう、タカも、お笑い芸人になることを、両親に反対されなかった。タカは、中学のころから、両親にはすでに宣言していた。

「おれは、芸人になる」

両親は、はじめのうちは、信じていなかったらしい。

「いいよ、いいよ、なりなさい」

聞き流していた。

タカとトシは、高校卒業後、吉本興業所属の芸人「タカ&トシ」として活動を始めた。札幌で活動を続けるといっても、札幌でのライブイベントのステージは、月に一度か二度。それに、吉本興業の情報バラエティ「よしもとモーニングショー」などの地元テレビ番組の出演。そのほか、営業がわずかにある程度であった。全国ネットのテレビ番組に出られるのも、数えるほどでしかなかった。

タカは、一刻でも早く東京に出たかった。札幌で盛り上げて、「すごいやつが札幌にいるぞ」と言われて東京に呼ばれることを夢見ていた。

ネタは、一年目から確実に受けていた。東京の吉本興業が、全国の吉本芸人を集めたイベントでも受けた。

〈東京でも、ネタは受ける〉

タカは、確実な手応えを得ていた。

しかし、実家で暮らしているからなんとか生活はできるものの、とてもタカの思い通りには運ばなかった。

四年目に、一度、東京進出をはかろうとした。ところが、吉本興業の札幌事務所から引き止められた。

「札幌の芸人の数が足りないし、札幌を盛り上げてから行けよ」

その引き止めがあったために、東京進出は思い止まった。あとで振り返ってみれば、そのときに東京に進出していれば、早くつぶれていたかもしれない。


タカアンドトシが東京に進出したのは、吉本興業に所属してから七年目、平成十四年四月のことであった。それを機に、コンビ名を「タカ&トシ」から「タカアンドトシ」に変更した。

タカは、上京当初、売れるまでの間、東京に出てきていた高校時代の同級生にやっかいになるつもりだった。だが、その同級生と一日過ごしただけで違和感を感じた。

〈生活のリズムが、あまりにも違いすぎる〉

タカは、すぐにアルバイトを探した。

面接を受けたのは、宅配ピザの店であった。大手ではなく、都内に三店舗だけある店であった。その三店舗のうちの豊島区の目白店だった。

タカは、その店長に、自分が芸人で、もっと売れるために上京したことを正直に打ち明けた。店長は、熱い想いを持つ人物であった。

「わたしは、夢を持っている人を応援したい」

吉本興業からの仕事が入ってしまったときには、アルバイトは休みにしてくれた。

しかも、店舗のあるアパートにピザ屋が借りていた部屋を、タカに貸してくれることになった。家賃は四万円。六畳ひと間ではあるが、風呂もトイレもついている。目白にすれば安いほうであった。

ピザ屋のアルバイトが約十万円、吉本興業からの仕事が数万円、それに、親からの仕送りが五万円ほど。これでひとりで暮らしていけるほどの収入となった。

いっぽう、トシは、運送屋、警備員、パチンコ屋と、さまざまなアルバイトをした。特に、パチンコ屋の店員は思ったよりも収入があった。だが、吉本興業からはいつ仕事が来るかわからない。急に仕事が入ると、休まざるをえない。

そのような状態が続き、上京してからほぼ一年目、ついにパチンコ屋をクビになった。

ただし、そのときは、タカアンドトシは、その力を認められ、ステージやテレビの仕事をもらえるようになっていた。吉本興業から生活していけるだけの収入を得られるようになっていた。

トシは思った。

〈クビになるタイミングとしては、悪くなかった……〉

タカアンドトシは、四百五十人も入る「ルミネｔｈｅよしもと」のほかにも、百人ほどしか入らない小さな会場でライブをした。修学旅行の生徒などの観光客も混じる「ルミネｔｈｅよしもと」とは違い、タカアンドトシの笑いが好きで、どんな芸人なのかまでわかっているお客が集まる。お客の目は、タカアンドトシの細かいところまで行き渡って笑ってくれる。

タカアンドトシは、大きな小屋でやるときは、わかりやすいように、振りをひとつ大きくした。

休んではダメ、常に前へ前への精神

タカアンドトシは、平成十六年のＭ―１グランプリに四度目の挑戦をした。

Ｍ―１グランプリは、十年未満の若手に参加資格がある。平成六年に結成したタカアンドトシは、平成十六年で結成十周年となり、平成十七年には参加資格を失う。タカアンドトシにとって、このM―1グランプリが、最後の挑戦となる。なんとしても、決勝に進みたかった。

しかし、タカがボケて、トシがツッコむ正統派の漫才を続けてはいるものの、タカアンドトシには、特徴めいたもの、あるいは、武器となるものがなかった。受けるのだが、いまひとつ跳び抜けてアピールできるものがない。それが、決勝に進めないひとつの理由ではないか。

そこで、ボケであるタカが、ボケから一転してツッコミ返す。そのパターンを入れてみた。なにかのフリがあるわけではなく、いきなり狂気的な反応をする。

そのネタを、さまざまなステージで試してみると、いい手応えが返ってきた。

〈これを、武器のひとつにしていこう〉

その武器ともいうべき、タカのツッコミ返しもあって、準決勝でも、それまでの二回よりも受けた。お客の心にみごとにはまった。それだけの手応えがあった。

だが、大きな期待は抱かなかった。

トシは、タカにいった。

「今回も受けたけど、決勝には、これまでみたいに落ちてしまうんじゃないか」

その言葉は、なんとしてでも決勝に出たい気持ちの裏返しであった。

念願は叶った。アンタッチャブルをはじめ決勝に進出する八組のなかに、タカアンドトシの名前があった。ただし、タカにしろ、トシにしろ、優勝はアンタッチャブルだろうと疑わなかった。実際に会場にいて、受け方がまるで違っていたからである。

思ったとおり、優勝したのはアンタッチャブルであった。

アンタッチャブルは、東京で花開いたにもかかわらず、この回のM―1グランプリに、あえて大阪の予選から出場した。あくまでも自分たちのスタイルを貫いたのである。その末の優勝である。自分たちのスタイルを磨いていけばかならず実を結ぶ。そのことを、タカやトシに教えてくれた。その意味でも、タカとトシには、アンタッチャブルの優勝は素直にうれしかった。タカアンドトシは、平成十七年三月、NHK放映の「第七回爆笑オンエアバトルチャンピオン大会」で、第七代のチャンピオンとなった。

爆笑オンエアバトルは、毎週十組の芸人が、客前でネタを披露する。それを会場の百人の審査員が投票し、その総数を「キロバトル」という独自の単位であらわした計測方式で得点とする。高得点を得た五組の芸人だけが、テレビにオンエアされる。

タカアンドトシは、「爆笑オンエアバトル」という、伝統あるお笑い番組でチャンピオンとなれたのがうれしかった。平成十八年三月にも連覇を達成している。

第七章

エンタメ界の不沈空母の未来図を読み解く

「覇道」の証明は成るのか

コンテンツを持たない会社に将来はない

私が取材した当時の吉本興業関連会社「アール・アンド・シー」社長である橋爪健康は、レコードメーカーであるソニー・ミュージックエンタテイメントから、外資映画配給会社であるワーナー・ブラザーズ系のレコード会社イーストウェスト・ジャパン社長を務めた。

その経験から、痛切に思いを語っている。

「コンテンツを持たない会社に、将来はない」

かつてレコード会社は、自前で、作詞家、作曲家を抱え、レコードを制作していた。ところが、原盤権の確立がレコード会社を変えた。レコード会社は原盤権を持たず、あくまでもレコード生産と販売に徹するようになった。

吉本興業も、レコード会社と同じように、コンテンツ保有に関しての意識が薄かった。プロダクション業務だけに精一杯で、コンテンツを企業の財産と考える余裕がなかった。そのために、たとえ吉本興業で企画制作したコンテンツでも、著作権の所在が曖昧なものが多かった。

だが、遅まきながらも、吉本興業の意識が変わってきた。橋爪が、アール・アンド・シー社長に招かれたのも、そのあたりを強化するためでもあった。

この数年、「お笑い」はコンテンツとして、ひとつのジャンルを確立した。ＣＤショップにも、レンタルビデオ店にも、「お笑い」専門のコーナーが設置されている。

さらに、ブロードバンド、ＣＳ放送といった新たなメディアにコンテンツを流通させる必要性が高くなった。コンテンツがなければ、なにも放映できない。

アール・アンド・シーでは、明確な権利関係のもとで、コンテンツ作りを進めていく。

当時、橋爪はＤＶＤこそが、パッケージ商品としては究極の形だと思っている。いくら携帯電話の通信技術が発達し漫才の動画を配信できるようになったとはいえ、画像、時間などの限界がある。ちょっとした暇をつぶすときのものにすぎない。

音楽だけでなく映像までも収録できるＤＶＤは、いまや売上高三千億円もの市場にまで成長している。橋爪は、これからまだまだ成長すると読んでいる。それを見越して、映像パッケージに主眼を置いてコンテンツビジネスを展開する。

コンテンツに関して、吉本興業としては、映像が八に対して音楽が二である。音楽では、「水10！　ワンナイR&R」に出演する、雨上がり決死隊の宮迫博之、ＤｏｎＤｏｋｏＤｏｎの山口智充で作ったユニット「くず」が歌う「全てが僕の力になる！」、ガレッジセールのゴリが扮する「ゴリエ」が出した「Ｍｉｃｋｅｙ」、さらに、ダウンタウンの松本人志が作詞し、浜田雅功と槇原敬之が歌う「チキンライス」の三曲とも、オリコンのヒットチャートで一位を獲った。

橋爪は、昭和三十六年から十一年間にわたり放映された音楽バラエティ番組「シャボン玉ホリデー」のような、お笑いと音楽が融合したものもコンテンツとして目指していきたいと話した。

吉本興業には、芸人、アーチストをはじめとした芸能人だけでなく、スポーツ関係者、文化人もいる。それら所属する人たちとともに、お笑いを核として総合エンターテインメントを目指す。

DVDであれば、やすし・きよし、さらにはエンタツ・アチャコまで遡《さかのぼ》ってコンテンツもパッケージしていく。

吉本興業は、大衆文化であるお笑いを支え広げてきた。たとえ過ぎ去った時代の文化とはいえ、吉本興業の「お笑い文化」として残していく義務がある。後世に残るライブラリーを作る。そのように系統だてることで、いままで世に出ていない逸話や資料をコンテンツに加えることができる。同じ芸人が、同じネタを演じたとしても、どのときに演じたものがもっともおもしろかったかもわかる。

系統だてたコンテンツは、CS放送やブロードバンドでも配信できる、貴重なコンテンツとして展開できる。その相乗効果で、劇場に足を運ぶようになる可能性もある。

吉本興業のこれからの課題は、自前でゴールデンタイムに通用する番組を作り上げる企画力を持つ強力な社員部隊を育てることであった。

まだ教育システムのノウハウまでは確立していないものの、吉本興業の場合、これまでも、マネージャーが、タレント、芸人の育成にかかわってきた。企画力のある人材が育つ素地は充分にある。

ただし、橋爪が見る限り、ほかの会社と同じように、吉本興業にも、社員を鍛えあげる能力のあるひとが少なくなってはいる。

吉本興業の伝統がいい形で蓄積されている反面、硬直化してきている面もある。そのために、ＩＴ化などの新たな分野に対する反応が鈍い面もある。その部分を突き動かすのは、あくまでも、吉本興業とは違う環境で仕事をしてきたひとに違いない。優秀なクリエイティブ集団を作り、自社の主導で、おもしろい番組や企画を作っていくのが理想だ。自社でそこまでのことができれば、テレビ局とも新たな付き合いができる。インターネットテレビをはじめとした新たなメディアが出てきても、自前で対応できる。

橋爪は、吉本興業が総合エンターテインメントを目指すのであれば、吉本興業は、まだまだ半分ほどの道のりしか来ていないと見ていた。

小室哲哉を所属アーチストにさせた

当時音楽プロデューサーである小室哲哉を吉本興業の所属にしたのは、アーチストとしての素質もさることながら、小室はビジネスマンとしての卓越した才能を持っているからである。その小室が平成十年に台湾に設立したエンターテインメント企業ロジャムと、吉本興業は提携した。藤井隆が上海でも通用するエンターテイナーを目指す姿に密着した、テレビ東京で放映する「上海大腕」では、ロジャムが上海で経営しているロジャムディスコを有効に活用している。

吉本興業のベテラン漫才師である大木こだま・ひびきと小室哲哉プロデューサーが制作した異色のコラボレーション曲「チ」を制作した。

小室サウンドに乗った異色コラボ曲「チ」は、小室が作曲したサウンドに「そんなやつおらんやろ」「チッチキチー!」など、こだま・ひびきおなじみのギャグが散りばめられている。

同曲は当初ネット配信だけとあって、テレビ局やラジオ局から吉本興業に「あの曲を放送することは可能でしょうか?」という問い合わせが殺到。吉本サイドも「小室さんの根強いファンもいるし、有料の携帯サイトでも何万という単位でダウンロードされるはず」

とソロバンを弾いていた。

「アイチューンズミュージックストアでは配信初日の平成十八年一月十一日から、トップアーチストの平原綾香、大塚愛らをおさえてベストテンにランクイン。一月十九日には六位と、平成十七年の日本レコード大賞を受賞し三位にランクする倖田來未の「Ｂｕｔｔｅｒｆｌｙ」に迫る勢いだった。

シニア層を狙った配信事業

吉本傘下のインデックスは、平成十八年五月十五日、インデックス四〇％、ファンダンゴ四〇％、エム・ヴィ・ピー二〇％の出資比率で、共同で、シニア向け映像配信事業をおこなうための新会社「株式会社メディア・コンプレックス」を設立することで基本合意に達したと発表した。

合併会社は、潜在力に期待されているが市場開拓が難しいシニア層に対して、各社の経営資源やノウハウを相互に提供することで、シニア向け映像配信事業を早期に立ち上げるのが目的。ファンダンゴが所有するコンテンツと吉本興業所属タレント、インデックスの子会社のネオ・インデックスが提供するコンテンツと各種ソリューションのノウハウ、エム・ヴィ・ピーの販売力やマーケティングのノウハウを利用することで、シニア向け事業を支援する。

具体的には、十一月にシニア向け映像ポータル「よしもと笑うシニア．ｃｏｍ」のサービスを開始して、広告と連動した無料のお笑いコンテンツを提供する。「よしもと笑うシニア．ｃｏｍ」のメインキャラクターには吉本興業に所属するタレントの西川きよしが起用された。

広告と有料コンテンツ配信などにより、初年度は約一億円の売り上を見込んでスタートさせた。

海外マーケット、特にアジアに勝算あり

吉本興業は、海外での事業を展開してきた。

吉本興業は、平成十四年四月、台湾の衛星放送会社「年代グループ」の系列会社と事業提携した。吉本新喜劇を見た「年代グループ」の系列会社「東風衛星電視台」の関係者から協力依頼があったのである。

日本から、演出家兼台本作家をひとり送りこんだ。東風側のスタッフや役者に、吉本新喜劇の、演出方法、稽古のしかた、キャラクターの作り方、劇場運営方法を指導した。吉本新喜劇台湾版を根づかせようとしたのである。しかし、テレビ番組のコーナーとして三回の放送も重ねたところで、その番組自体が終了してしまった。

しかし、吉本新喜劇は、今後、台湾で広まる可能性はある。台湾では、日本の番組が話題になる。日本との文化の共有度合いが高い。日本の歌手も知られている。吉本興業も、平成十年から、ケーブルテレビのゴールドサンコミュニケーションズで「超！　吉本新喜劇」を放映している。

さらに、台湾の関係者から言われた。

「北京に、新喜劇を持って行ってもいいかな」

いっぽう、台湾で業務提携をしはじめた平成十四年四月には、吉本新喜劇を、上海で上演した。島木譲二、なかやまきんに君、といった肉体で笑いをとる芸人を連れて行った。思った以上に受けた。

さらには、山田花子の「カモーン」と誘うネタも、下ネタととられて上海のひとたちから拒否反応を示されるかもしれないと危ぶんでいた。だが、これも受けた。

橋爪健康は、韓国でもっとも人気があるお笑い芸人に会った。それまで彼の芸を見ていない、まったく先入観のない状態での出会いであった。

しかし、その顔を見ただけで、その芸人に人気があることがわかった。彼からは、日本人の芸人と似通う雰囲気が、どこからともなく漂っていた。

韓国の若い層では、日本と同様に、お笑いブームが巻き起こっている。吉本興業は、絶好の機会とばかり、韓国へのお笑いの輸出を試みている。


吉本興業は、平成十八年十一月二十日、中国北京市の大手イベント会社、中国祥宇文化発展有限公司の発行済み株式のうち議決権ベースで三〇%を、約三百万元（役四千五百万円）で取得し、資本・業務提携した、と発表した。

当面は、日本の音楽、動画などを中国の携帯電話利用者向けに配信する事業を軸に進める。将来は、相互に演劇公演を相手国で開くといった事業も手掛ける。

中国祥宇文化発展有限公司は、中国文化部直轄の国有企業が前身。日本をはじめ国外の音楽グループの中国公演などを約一千件開催した実績がある。中国や台湾を中心としたアジア事業を強化したい吉本の思惑と一致した。

東京都内で記者会見した吉本興業の吉野伊佐男社長は、意気込みを見せた。

「ＩＴ環境の整備が進む中国は、期待できる市場だ。中国でタレントを育成するなど、吉本が培《つちか》った笑いのノウハウも中国に持ち込みたい。東アジアは、芸能面でも統一市場として発展しつつある。アジア最強のエンターテインメント企業を目指す」

中国祥宇文化発展有限公司の王林総経理も、期待を示した。

「吉本興業は、日本だけでなくアジア全体でも『お笑い』のパイオニア的存在。日中両者の協力で、斬新な文化ビジネスを創造できると思う。今回の提携は、アジアの文化産業の発展に大きな役割を果たせる」

このとき、新喜劇代表として藤井隆が、出演した。藤井は、最近上海でテレビ番組「上海大腕」を収録、十一月二十四日から二十六日に、東京新国際国立劇場で、上海人民滑稽劇団の公演を招へいしている。

台湾デビューをに備え、ロンドンブーツ1号2号の田村淳も、ビジュアル系バンド「jealkb」のボーカルhaderuとして出席した。

田村淳は、語った。

「日本一腰の低いビジュアル系バンドなんで、小っちゃなライブハウスから活動していきたい」

ロスで大受けした吉本新喜劇

吉本新喜劇は、平成九年、ニューヨーク公演を皮切りに、ロンドン、上海、台湾などでも海外公演をおこなっている。

林裕章前会長が、ロサンゼルスに「ロス花月」を作るべく準備をしたこともあった。その矢先、平成十三年九月十一日、ニューヨーク・ワシントン同時多発テロが起きた。その影響で、アメリカ進出の話はつぶれた。

しかし、吉本興業のスタッフが、テレビ番組の企画などで、現地の「ディズニーランド」、「ユニバーサルスタジオ」で現地日本人に会うと、声をかけられることが多かった。

「漫才しに、来てや」

「新喜劇しに、来てや」

吉本興業としての心は決まった。

「それやったら、一回やってまうか?」

吉本興業のスタッフが、ロサンゼルスを探した。ロサンゼルスは、映画の街として知られている。その反面、演芸をやる小屋が少ない。ほとんど映画館しか見当たらない。舞台が欲しいと探すうち、「コダックシアター」が借りられた。ハリウッドの中心地にあり、アカデミー賞の授賞式がおこなわれる格式の高いシアターである。二千六百枚のチケットはすぐに捌《さば》けた。

吉本興業は、平成十八年六月七日、「すっごい吉本新喜劇」LA&JAPANツアーを開催することを発表した。

座長を務める内場勝則は、意気込みを語った。

「ギリギリのネタもあるが、成功は確信している。日の丸を背に、がんばりたい」

七月一日、「コダックシアター」で、吉本新喜劇が上映された。二千六百人を収容できる劇場は、観客で埋めつくされていた。日本人、日系の方ばかりだった。サンディエゴから三時間半をかけて駆けつけた観客もいた。

今田耕司、東野幸治、板尾創路、内場勝則、藤井隆、レイザーラモンHG、森三中といった吉本新喜劇メンバー、中田カウス・ボタン、月亭八方、レギュラーの面々が参加した。

藤井隆と森三中は、朝、大阪で仕事をしてから飛行機に乗った。ロサンゼルスに着くのは、時差の関係で、同じ日付の朝である。その日にステージに立ち、現地を翌朝に発って日本に帰ってきた。一泊三日というハードスケジュールをこなした。

「ファンダンゴ」（ばか騒ぎ）こそ吉本の真骨頂

ビル・ゲイツが率いるマイクロソフトが開発したOS（基本ソフト）「ウィンドウズ95」が平成七年十一月に発売されると、日本にもコンピューターブームがおとずれた。それとともに、あらたな通信手段であるインターネットへの関心が高まった。

「スカイパーフェクTV！」などの衛星デジタル放送であるCS放送もはじまった。

吉本興業は、さっそく、新たなメディアといかに関わっていくかを模索し始めた。

当時の吉本興業社長林裕章は、いっていた。

「二十世紀前半は、ラジオ、後半は、テレビの時代で、吉本もそれをうまく利用して時代に乗ってきた。が、二十一世紀は、インターネットと、携帯電話の時代になる」

吉本興業には、芸人もいる。番組を制作する能力もある。コンテンツもある。ただ、テクニカルなもの、インフラを持っていなかった。

中井秀範は、平成七年にインターネットメディアの責任者になった。中井が、社内でパソコンをあつかっていたからである。中井は、もともと、マッキントッシュ製のパソコンを、台本を打つため、稟議書《りんぎしょ》を作るために利用していた。

中井は、そのころから、確信していた。

〈インターネットで時代が変わり、吉本興業のビジネスが変わる〉

しかし、そのころは、インターネットを利用しようとすれば、利用するだけ料金がかかった。送信スピードも遅く、吉本興業が得意とする動画などは送れなかった。

〈お客さんに、高い電話代を払わせる環境で、利益を上げられるのだろうか〉

トヨタ自動車であれば、宣伝費となるかもしれない。カタログ代わりになる。吉本興業では、そういうわけにはいかない。コンテンツイコール売り物だからである。

そのうち、ＡＤＳＬ回線サービスである「ＹＡＨＯＯ！ＢＢ」の登場で、定額による常時接続が安価で可能になった。収益につながる動画も送れるようになった。吉本興業のコンテンツがビジネスにつながった。

吉本興業は、平成十二年一月、ＫＤＤ（現・ＫＤＤＩ）と合併会社「ファンダンゴ」を設立した。「ファンダンゴ」は、英語で「ばか騒ぎ」を意味する。資本金は一億円で、吉本興業が六五％、ＫＤＤが三五％を出資した。ＫＤＤの通信ネットワークを活用し、吉本が制作するバラエティ、スポーツ、アニメなどの番組を、有料、無料に分けてインターネットで配信する。自前の配信だけでなく、ほかの事業者向けの番組制作や、ネット配信ビジネスに関する調査などにも事業を拡大していく。

ホールを「コンテンツを作る工場」と考える大崎会長の発想力

ファンダンゴは、平成十八年二月十六日、大阪証券取引所の新興企業向け証券取引市場であるヘラクレスに上場した。

ファンダンゴは、アール・アンド・シーなど子会社孫会社との連結決算で百億円ほどの売上になる。お笑いＤＶＤが、思った以上に売れたのが大きく貢献した。

中井秀範をふくむファンダンゴ経営陣は、見ている。

〈DVDは、しばらくピークが続く。が、これからは、インターネットを通じた配信が確実に伸びる〉

iPodをはじめとした、パソコンと接続できる小型ミュージックプレイヤーが普及したおかげで、ユーザーたちの音楽生活のスタイルが変わってきている。音楽は、CDショップでCDを買うよりも、インターネット上からダウンロードしたものを聴く。そのことが習慣化されてきている。家で音楽を聴くのも、iPodをステレオに接続して再生している。この現象は、音楽だけでなく、映像でも同じようなことが起こる。インターネット上からコンテンツをダウンロードして楽しむようになる。ファンダンゴで大きかったDVDの売上も、将来的にはおそらく減少する。

メディアにも、大きな変化があらわれると中井は思っている。

〈インターネットメディアでの収益を上げるには、吉本興業ならではのコンテンツを配信しなくてはならない〉

免許制のテレビにはなかなか進出できなかったが、郵政省は、デジタルCS放送を、役務利用放送事業者として許諾した。吉本興業をはじめ、さまざまな企業が、放送事業に進出しやすくなった。

デジタル時代に突入すればするほど、吉本興業は、強みを発揮できる。コンテンツ、ソフトさえ持っていれば、アウトプットして収益を得る方法はいくつもある。

これからは、「ヨシモトファンダンゴＴＶ」で携帯電話に配信するコンテンツ、アーカイブを作っていく。テレビ番組でも、吉本興業が資本を出して制作する。

しかし、いまだに地上波テレビの収益の占める割合は大きく、芸人たちの出演料、企画の請負が、全体の六割以上を占めている。その力点の入れ方のバランスはむずかしい。車の運転に言い換えれば、いわば、ブレーキを踏みながら、アクセルを踏んでいるようなものである。

中井は思っている。

〈できる範囲で、自前でやっていこう〉

「ヨシモトファンダンゴＴＶ」では、平成十六年から十七年にかけて、「吉本超合金」を放送した。平成九年十月から平成十二年七月まで、テレビ大阪を中心として放送された番組で、番組終了後も、再放送してほしいとのリクエストが多かった。幸いにして、出演者が、吉本興業所属の芸人ばかりである。ファンダンゴとしても、ＴＶ局との交渉は比較的むずかしくはなかった。

さらに、中井は、「花王名人劇場」のうち、吉本芸人が出演する作品すべてを買い取る契約を、番組制作者である澤田隆治と結んだ。「花王名人劇場」は、昭和五十四年十月から十一年間放映され、テレビのゴールデンタイムに奇跡を起こしたと言われる。

その著作権は、澤田隆治、企画会社の東阪企画にある。だが、登場する芸人たちは、吉本興業の芸人だ。肖像権は、吉本興業が持っている。

もしも、澤田らが二次使用するとなれば、わずらわしい手続きが必要になってくる。

澤田は、このような番組は、吉本興業が有効活用してこそ意味があると判断した。

「いくら『花王名人劇場』の番組を持っていても、うちが自由には使えない。それならば、吉本興業で所有していたほうがいいのではないか」

その数は、二百本以上ある。

かつての芸人たちの芸をしっかり映した映像は、数少ない。当時からテレビでは、どのような大御所でも、テレビサイズで七分から八分、長くとも十分しか時間がもらえなかった。それに対して、「花王名人劇場」は、芸人のネタをきっちりと放映する。それゆえ、劇場と同じフルサイズのネタが残っている。しかも、全国ネットの人気番組だったので、クオリティが高い。

「花王名人劇場」の著作権を取得できれば、かならずコンテンツとして活かせる。

ひとつのホールでの上映をその場だけのものとせず、インターネット、CS放送を通じて全国に発信できれば、社会現象を起こせるかもしれない。

さらなる躍進をめざした。

入場料無料の劇場を作る

吉本興業は、平成十四年九月、松下電器産業と共同運営するテレビスタジオ「有明スタジオ」を開設した。ふたつあるスタジオのうち、百五十人が入るスタジオで、「ワイ！ワイ！ワイ！」「プイプリプリンス」「てっぺん！」と、CS放送のヨシモトファンダンゴTVで放映されるコンテンツが作られた。

平成十七年十一月二十八日からは、実験的にそれらのコンテンツを放映した。

ところが、お笑いの発信基地として期待されていた有明スタジオは、諸般の事情により、事業計画を見直すことになり、平成十八年三月までしか使用できなくなった。

吉本興業としては、新たなスタジオが必要となった。

だが、メディアリレーションズセンター長である竹中功をはじめとした吉本興業スタッフは、大阪出身者ばかりであった。都内で若者が集まる場所といえば、新宿、渋谷、あるいは、原宿、池袋くらいしか思い浮かばなかった。しかし、池袋は、関西出身者にはなじみがない。新宿は、すでに、「ルミネｔｈｅよしもと」があった。

竹中らは、渋谷を歩いた。ほうぼう当たっているときに、渋谷のセンター街を抜けたあたりにある、「ビームホール」の噂を耳にした。

「ビームホールにテナントとして入っているゲームセンターが、出ていくといっている」

ビームホールは、東急不動産が所有するビルで、かつてはビームホールというホールを運営していた。このホールで、ダウンタウンの松本人志も、一万円ライブをしたことがあった。

そのビームホールで、かなり広いスペースをとっていたゲームセンターが撤退するという。

若者でにぎわう渋谷でも、もっとも若者たちが集まる渋谷センター街から「東急ハンズ」へと向かう道に面している。

吉本のスタッフは、東急不動産と交渉に入った。

「吉本興業で、ホールとして使いたいんで貸してください」

もともとホールだったことも手伝って、東急不動産もよろこんで貸してくれた。

吉野伊佐男社長ら役員は、ホールを開くと聞いて、竹中に訊いてきた。

「どのような事業形態を考えているのか。動員目標は、どれくらいか」

竹中は、担当者会議のなかで見えてきた思いきったアイデアを伝えた。

「入場料は、無料にします」

これからは、インターネット、ＣＳ放送で配信する、さまざまなコンテンツを作る。収録するスタジオがなくてはならない。

そのホールを、コンテンツを作る工場と考えたなら、お客は工場見学者と同じである。工場見学者からは、さすがに料金はとれない。そこで、入場料を無料とした。

このようなホールを作るヒントをくれたのは、じつは、当時副社長の大崎洋であった。大崎は、吉本興業の養成学校である「ＮＳＣ大阪」を出たばかりのダウンタウンを見ていった。

「こいつら、おもしろいな。すごいな」

ダウンタウンが出演できるシアターを作ろうと、大崎、中井、竹中の三人で力を合わせ、大坂心斎橋に「心斎橋筋２丁目劇場」を開設した。ダウンタウンのほかに、ハイヒール、今田耕司、東野幸治らが出た。

東京都新宿にある「ルミネｔｈｅよしもと」は、「ＮＧＫ」とは違うものをという大崎の発案で作られた。

渋谷に開設するライブ劇場は、「ヨシモト∞（無限大）ホール」名づけられた。

「劇場」でもなく、「スタジオ」でもなく、「ホール」としたのにはこだわりがある。吉本興業の場合、「劇場」といえば、「NGK」、「うめだ花月」といった花月のイメージがある。大勢のお客から入場料をもらって、演芸を見せてよろこんでもらい、これまで長い歴史を歩んできている場こそ、劇場である。

しかし、「スタジオ」としてもしっくりと来なかった。スタジオといえば、テレビの収録場所と誤解されやすい。∞ホールでは、トークライブ、映画上映もしてみたいと思っている。

ゴロも良かった。そこで、「ホール」を選んだ。

ホール名に「∞」の記号を入れたのも、どんどん来客が増えて、無限大に来てほしい。出演するタレントの数も無限大に増えて、コンテンツも無限大に集まる。そのことによって、吉本興業にも∞の利益をもたらす。その願いをこめている。

その名前が広がって、渋谷に来た若者たちが、こぞって、「∞行こうか、∞」と訪れてくれればいい。

さらに、デジタル配信していくという思いをあらわしたのである。「∞」の記号は、これからのデジタル時代にふさわしく、とてもデジタル的にも見える。

セールスプロモーションの制作をしていた近松真は、新たなスタジオ設立プロジェクトに参加し、新スタジオの支配人となることになった。

近松は、それまで、ＣＭをはじめとして、企業の販売促進にたずさわっていた。制作のことも、広告営業もわかっている。そのキャリアを買われたのであった。

「ヨシモト∞ホール」の大きな特徴は、観客からは入場料をとらないことである。そのかわり、広告収入に力を入れている。

近松は、かつて、大塚製薬を担当していたこともあって、大塚製薬の担当者には頼みやすかった。「『∞ホール』のスポンサーに、なっていただけないでしょうか？」

大塚製薬としても、販売しているオロナミンCのターゲットをより若い層に広めようと考えていた。ＣＭでも、これまでの巨人軍選手ではなく、アイドルの上戸彩を起用していた。「ヨシモト∞ホール」を訪れる観客は若い層で、しかも女性が多い。

観客に、サンプリングのオロナミンCが配られる。ホールに設置された自動販売機はすべて、大塚製薬のものばかりであった。


オリエンタルラジオとほっしゃん。で新たな時代を

「ヨシモト∞ホール」では、月曜日から日曜日までの午後四時から午後九時までを「ヨシモト∞」として上映している。二部構成で、月曜日から土曜日までは東京から、第一部が午後四時から午後六時までの二時間で、「武勇伝」で有名なオリエンタルラジオがナビゲーターを務める。午後六時から午後九時までの第二部は、「R―1ぐらんぷり」でピン芸人の頂点をきわめた、ほっしゃん。が、ナビゲーターを務める。日曜は大阪から、第一部をNON　STYLE、第二部をブラックマヨネーズが担当。

中田敦彦と藤森慎吾のコンビであるオリエンタルラジオを選んだのは、吉本興業の伝統ともいうべき、花月劇場的な笑いではなく、あらたな笑いを創造してくれるとの期待感からであった。

オリエンタルラジオは、ボケ担当で、慶応義塾大学経済学部在学中の中田敦彦、ツッコミ担当で、明治大学政治経済学部を卒業した藤森慎吾のコンビで平成十六年四月に結成した。平成十六年の「M―1グランプリ2004」では「NSC東京」在籍中にもかかわらず、武勇伝ネタで準決勝まで勝ち進み、一躍注目を浴びた。

竹中から見て、オリエンタルラジオの人気は、若い観客からは絶大だ。オリエンタルラジオが出演している第一部は、さすがに予約で満員である。

オリエンタルラジオは、持ちネタである「武勇伝」は封印している。お客からリクエストがあっても、やんわりと断っている。彼らは彼らのトークで勝負している。「NSC東京」卒業生である彼らは師匠はいないものの、先輩・後輩の厳しさも知っている。それでいて、堂々と自分の道を突き進む。

「有明スタジオ」でのライブに出演したときでも、あくまでも先輩を立てながら、物怖じすることはなかった。堂々としていた。テレビでは、ジャニーズ事務所の、ＳＭＡＰ、ＫｉｎＫｉＫｉｄｓといった有名タレントと共演しても、物怖じしない。自分たちの個性を発揮できる。その肝の太さに賭けてみたかった。しかも、音楽が得意で、若干ながらダンスが踊れる。人気者になる要素を、オリエンタルラジオのふたりは持っている。

芸能の世界は、いつどのような形で売れ出すか、だれにも予測できない。二十歳のころに売れていたひとが人気が落ちて、ふたたび四十歳となって、若いときとは違った味を出してふたたび売れることもある。あるいは、それまでパッとしなかったのに、五十歳になったときに、いきなり売れ始めるひともいる。

竹中らでは、とても計り知れない原石を抱いているのが、芸人である。

オリエンタルラジオは、二十歳代はじめにして、出るべくして出るものを抱いていたに違いない。

吉本興業の芸人養成機関である「ＮＳＣ大阪」一期生であるダウンタウンは、在学時から、さまざまな賞を受賞していた。それでも、その当時のメディアの状況、お笑いの置かれた状況などもあって、ダウンタウンが上京するまでには十年ほどの時間がかかった。大阪で力をためにためて、東京進出を果たした。

現在は、インターネットやCS放送などのメディアの発達は、当時と比べものにならない。

オリエンタルラジオは、メディアの力を大いに利用できた。その意味では、一年目の反響としては、ダウンタウンよりも、オリエンタルラジオのほうが、メディアとの共生という意味でいえば、上にいっているのではないかと竹中は思っている。まさに、デジタル時代だからこそ、これほど早く人気を集めることができた。

いっぽう、ほっしゃん。は、お笑いの世界には十数年いる。「NSC大阪」の九期生で、ナインティナインや矢野・兵動、杉岡みどりなどと同期である。宮川大輔とチュパチャップスを組み、吉本印天然素材で人気が出たが、天然素材の活動休止後は低迷し、平成十一年にコンビを解散。ピン芸人として独立した。平成十七年の、ピン芸人ナンバー1を決める「R—1ぐらんぷり2005」で優勝した。最後に、うどんをすすって鼻から出す芸を披露するが、そこにいたるまでの話の持って行き方、トーンがおもしろかった。ほっしゃん。ワールドをしっかり持っている。愛嬌のある顔もしている。

ほっしゃん。は、その日その日のトークも、構えたものではなく、駄菓子のことではじまったり、ペットの話ではじまったり、前夜に飛び込みで入ったスナックのママさんの話ではじまったり、次から次へと話が出る。先輩芸人との絡みも、きっちりとこなして、三時間、話が途切れることがない。

平成十八年三月にオープンした「ヨシモト∞ホール」は、連日満員であった。

近松は、思っている。

〈いいタイミングで、ほっしゃん。、オリエンタルラジオが、出てきてくれた〉

そのおかげで、「ヨシモト∞ホール」もいいスタートが切れた。

観客の割合は、一部は、九割が女性、二部は、七割が女性であるという。一部は、放課後に寄り道する感覚でおとずれる中学生も含めた若い層が多い。二部は、やや年齢層が上がり、夫婦やカップルで来ることが多くなる。そのために男性が多くなる。

特に、オリエンタルラジオが見たいと訪れる若い女性客が、後を絶たない。オリエンタルラジオは、アイドルと化している。

オリエンタルラジオは、一般に知られる前から、携帯電話の、動画配信、着信ボイス配信では人気があった。ほかの人気芸人をおさえて一位だったのである。それが、「武勇伝」で一気にブレイクしたのである。「NSC東京」出身で、吉本興業大阪部とは縁がないままデビューして売れた。

近松から見て、そのようなオリエンタルラジオにも、関西のお笑いの影響、吉本的なるものはある。舞台で芸を磨くということをまず考えている。

だからこそ、地上波の番組にひんぱんに出ているだけでなく、月曜日から土曜日の午後四時から六時までの二時間、「ヨシモト∞ホール」のライブにも出演しているのである。

しかし、オリエンタルラジオは、「ヨシモト∞ホール」のライブのナビゲーターをはじめたころは、慣れていなかった。どちらがツッコミでどちらがボケなのかわからないトークを繰り返していた。それが、毎日ステージに立つことで見ちがえるほどトークがうまくなった。

基本的には、中田敦彦がボケて、藤森慎吾がツッコむ形ができあがった。いわゆる、回すという、司会の役割も、藤森慎吾ができるようになった。毎日ステージを務めることのすごさ、ふたりの吸収力のすごさに、近松はさすがに舌を巻く。

トークができるようになれば、流行に流されない足腰の強い芸人になる。

楽屋には人間同士の結びつきの原点が生きていた

いっぽう、二部のナビゲーターの、ほっしゃん。の存在も大きい。「ヨシモト∞ホール」は、すべての吉本興業の芸人がステージに上がり、楽屋で話しているような場にしたかった。ほっしゃん。は、「R—1ぐらんぷり2005」で優勝して実績も積んでいるうえ、先輩後輩にかかわりなく、だれとでもいい距離を保ちながら、先輩とも、若い芸人とも付き合っている。

吉本興業に所属している六百人の芸人だれとでもトークができる。芸人同士が楽屋で話しているような、肩に力の入っていない雰囲気が出る。

ほっしゃん。のおかげで、「ヨシモト∞ホール」は、芸人同士が、いわゆる、吉本ファミリーを作る場となりつつある。東京には、大阪の劇場の楽屋のように芸人同士の関係ができあがる場はなかった。芸人たちは、どちらかというと、個人プレーが多かった。しかし、「ヨシモト∞ホール」という場を通じて一体感を感じ、大きなパワーにつながっていく。

「ヨシモト∞ホール」は、楽屋のようである。芸人は、時間が空くと、ちょっと∞ホールに寄ろうか」とぶらっと来ることもある。そのことで、これまで付き合っていなかった先輩芸人と接する機会も増える。そういうことが許される環境になってきた。

一部と二部で違った芸人が出ることで、さまざまな吉本興業の芸人が出ている。オール吉本感が出せている。東京と大阪が交流することで、吉本興業にあった東西の壁も取り払える。

オリエンタルラジオが出演する第一部と、ほっしゃん。が出演する第二部の間には、わずかに数十分ほどの間がある。

その数十分間に、楽屋でスタンバイしてるほっしゃん。と、いままで舞台に立っていたオリエンタルラジオが、客の反応などを話し合う。

「今日のお客さん、こんなこと言ったら、めっちゃ笑いましたよ」

「いま、ここのモニターで見ててん、おれも、そう思った」

あるいは、そのわずかな時間を使って、ゲームやトランプに興じることもある。

オリエンタルラジオが、スケジュールの都合で、楽屋に寄れないこともある。そのときには、第一部で、オリエンタルラジオとともにゲストで出ていた若手芸人が、代わりに、ほっしゃん。がいる楽屋を訪れる。

「今日こんなんでした。またご飯行きましょうよ」

その楽屋には、だんだん、オリエンタルラジオや、ほっしゃん。の趣味で「持ちこんだものが増えたりもしている。ポスターが貼ってあったり、差し入れをみなで食べたりしている。

吉本興業の芸人たちにとって、楽屋とは、ただ着替えをし出番を待つところではない。

「NGK」にしても、「ルミネtheよしもと」にしても、楽屋は安らぎの場となっている。ベテランから、怖い先輩、飯も食べられない芸人まで、ありとあらゆる芸人が、和気《わき》藹々《あいあい》としている。芸人にとってもは、安らげる場でもある。

それは、よそのテレビ局にも、プロダクションにもない吉本興業の歴史でできた楽屋の形である。楽屋で出会った芸人とのふれあいが、芸人の芸につながっていく。中田カウス・ボタン、月亭八方などのベテラン芸人のところに、若手芸人らも集まり、出番となったらそこから舞台に出ていく。ベテランの芸人のなかには、ひとりの楽屋を用意されているにもかかわらず、若手ばかりが集まっている大部屋に顔を出し、「ここのほうが落ち着くわあ」と居すわる芸人もいる。ベテラン芸人は、若手の芸人に缶コーヒーを買いに行かせ、「あんたもなんか飲み」とジュースをおごるだけではなく、そのおつりをおこづかいであげることもある。いろいろと話すことを通じて、若手芸人たちは、先輩芸人たちに顔と名前をおぼえてもらう。そのことを通じて、芸人の吉本興業への愛情、芸人間の家族的なつながりも楽屋で育まれる。先輩後輩の関係は、けじめをつける吉本興業の厳しさも、はっきりと見せている。

オリエンタルラジオも、先輩であるほっしゃん。を先輩として立てている。後輩は、きちんと先輩にはあいさつする。

「今日、お世話になります」

そのような吉本興業の楽しさ、人間同士の結びつきの原点が楽屋には生きていた。

もっともっと笑ってもらう

取材当時、吉野社長も、大崎副社長も、口をそろえて話したことがある。

「うちとこは、九十四年の歴史で、客入れて客前で芸を見せることが最高だ。時代が変わって、テレビ、ラジオにアクセスしてしまっても、客前でやる原則は、いまも変わっていない」

現場の者たちも離れたらいけない。スタッフたちだけでなく、芸人も、そこから逃げたらいけない。

このようなことができるのは、吉本ならではである。よその事務所には、絶対に真似できない。興行にしても、ホール運営にしても、吉本興業はどこにも負けていない。

林裕章元会長は、竹中らにいった。

「決して、評論家にならんときな」

評論家には、だれにでもなれる。世界的な映画監督黒澤明の傑作を見ても、文句を言える。だからといって、黒澤明になれるかといえば黒澤明にはなれない。評論家になるのは、吉本興業のスタッフには、なんの意味もない。それよりも、ひとりでも多くのお客さんを笑わせるにようにすればいい。まわりのひとたちは、吉本興業という一流企業だから、渋谷のひとが集まりそうな場所にホールを開くことができたと評価するかもしれない。

芸人を支えるスタッフとしては、少しでもよくなる、ベターな方法を模索する。「昨日よりも、今日のほうが笑かしたるわ」と意気込んでいる。

たとえば、オリエンタルラジオも、「武勇伝」で脚光を浴びるようにはなったが、「武勇伝」だけでは型にはまって、いずれ頭打ちになる。竹中らとしては、オリエンタルラジオのブランド力をもっと高めたかった。そのためには、「武勇伝」から上手に切り離していく。切り離しても、オリエンタルラジオに客が集まるための、ベターな方法をアドバイスもする。一番良いと思う番組、コーナーを作る。そうして、「武勇伝」から切り離して、だれも見てくれないようになったとすれば、オリエンタルラジオに力がなかったということになる。

竹中は、芸人ではないのでわからない。しかし、芸人たちには、肌感覚があるに違いない。売れたり、急に売れなくなったり、チャンスが来たといった感覚がわかる。そうなるためには、常日頃の稽古や、先輩、スタッフのアドバイスもあるのだろう。それとはまったく関係のない運命の女神と呼ばれるものが来ることもある。

いままでの評価が急に下がったり、昨日までとまったく変わらないことをしているにもかかわらず、見えない力で引っ張り上げられる。

それればかりは、どんなに多くの芸人を見てきた竹中らでも、予測できない。いくら伝統がある吉本興業でも、これればかりは、後になってからしかわからない。

企業経営であれば、月々の売上を百万円なら百万円と目標に向かって走ることができる。そこからステップアップして百十万円にするには、どうすればいいか計算ができる。

芸人やタレントは、そういうわけにはいかない。

たしかに、竹中らも、営業部員には発破をかける。

「営業のアポを、今月は十件ようけとれ！」

十件多く回れば、売上は少しは上がるチャンスもある。

吉本興業スタッフは、芸人たちにも厳しい。大阪で適当にやっている芸人がいたら、舞台に上がらせない。だれに悪いといって、それほどお客に失礼なことはない。

「ヨシモト∞ホール」に出演している芸人たちも、それがわかっていて、劇場だろうが、地方のイベントだろうが、学園祭だろうが、精一杯務める。

テレビでは、三分から、せいぜい五分しかネタを披露できない。言わば、一発芸しかできない。そこで失敗すれば、次のチャンスはない。それはそれで、テレビのスリリングな一面ではある。しかし、芸を披露する場は、さまざまあってもいい。芸人たちが、入場料三千円の一時間のショーをしてもいい。あるいは、携帯電話だけで人気の芸人がいてもいい。

「あいつ、テレビも∞も出てけえへん。携帯電話でしか出てけえへんな」

そのような芸人がいてもいい。

だが、芸人のなかには、抵抗感を抱く芸人もいる。「NGK」のような劇場で、ネタを披露することこそ芸人だと思い込んでいるのである。

しかし、スタッフらが、芸人たちのキャラクター、芸人たちのネタをうまく加工していく。たとえば、「あるある探検隊」ネタで有名なレギュラーは、スナック菓子メーカー湖池屋のおまけになった。湖池屋のスナック菓子を買ったひとが、湖池屋のホームページにアクセスすると、レギュラーの待ち受け画面、音声をもらえる。いわゆる、デジタルおまけである。さらには、湖池屋とは、「よしもと×スコーン」という懸賞で、スナック菓子のスコーンに付いているシールで「当たり」を引いたひとは、吉本興業の芸人を呼んだシークレットライブに招待する企画もおこなった。そのような場でも、芸人、タレントの活躍の場となる。

もちろん、ギャラも、多くもらえるようになる。たとえば、吉本新喜劇の地方興行が五回から五十回になったとすると忙しくなる。その分、ギャラも十倍になる。携帯電話で以前の五万人から五十万人を集めるようになれば、これもギャラが十倍になる。

竹中らスタッフは、芸人たちの人前に出る場所を増やすことが仕事、売り場を増やすことが仕事だと思っている。

特に、若い芸人は、自分自身でも携帯電話を使っているので、携帯のコンテンツに関してはすぐに反応する。「ヨシモト∞ホール」での、コンテンツ販売、提供をよくわかってくれている。

芸人には、毎月、どの仕事のギャラが、いくら振り込まれたかの入金リストが渡される。そのなかに、「おもしろ顔百五十円」と書いてある。はじめのうちは、入金が少ないが、ダウンロード数が多くなるとそれに応じて収入も増える。例えば、

「『ヨシモト∞ホール』では、一ステージ三百円しかくれへんかったけど、あのときのダウンロードが増えて五千円あったわ」

あきらかに収入が増えることで、芸人たちは身をもってわかる。

「こんな形の仕事やねん」

笑福亭仁鶴が説く「吉本のＤＮＡと未来について」

笑福亭仁鶴は、平成十七年二月二日、吉本興業の新設ポストである「特別顧問」に就任

した。林裕章元会長は、常々「仁鶴さんは、吉本興業の背骨や」と口にしていた。

〝ご意見番〟としての役割も担うことになった仁鶴は、語る。

「社員がいて、芸人がいて、ファンがいて、吉本は成り立っている。この三位一体の吉本のＤＮＡを、もう一度社員やタレントに伝えたい」

今後、新入社員研修での講義や制作会議に出席することになった。

新入社員に対して、仁鶴は語った。

「吉本は、派手に見えるかもしれない。しかし、じつは、石橋を叩いてコツコツ渡る会社である。それが吉本の教育方針です。だからこそ、バブルでも弾けなかった。リストラもしていないのは、そういうところがあるから、乗り切ってるんや。会社の暗さをあまり無理やと思わんように」

新入社員の多くは、吉本興業には芸人が多くて、華やかで、楽し気なイメージを抱いて入ってくる。しかし、実際に、経営者や社員たちを見て、意外に思うかもしれない。芸人はともかく、経営者や社員は、ほかの上場会社の社員と変わらない。華やかに見せる光った部分には、かならず影がある。多くの社員たちは、商品である芸人たちを売るために影で作戦を練り続けている。そのことをまず、新入社員にはわかってほしかった。

仁鶴が、若い時に担当した深夜二時半から朝五時半までのラジオ番組で、少しピンクがかった話をしたことがあった。それまでは、深夜のその時間帯はアナウンサーコーナーといって、おとなたちが静かな夜に似合ったおとなしい番組を流していた。だが、夜中という自由に使える時間で、もっとおもしろい番組ができないかと、実験的な意味も込めて仁鶴が番組を任されたのである。

そのときに、ピンクがかった話もするのだが、いっぱいいっぱいまでは話さない。全体の六〇%までしか話さない。残りの四〇%は、ラジオの前のリスナーに想像してもらえればいいのである。根こそぎ話して、聴く側をがんじがらめにしてしまったら、聴く側は想像を掻き立てられない。いわゆる、身も蓋もない状態になってしまう。

いまは、その身も蓋もない笑いが流行っている。客の想像力を無視して、自分のセンス、ネタを一〇〇%押しつけてしまう。それでは、お客さんがあまりにもおなかいっぱいになりすぎて、その場はいいとしても、長いこと食べてくれないのではないか。

かといって、仁鶴は、みずから若い芸人たちにいろいろと教えることはしない。

「同じ芸人なのに、水臭い」

そういうひともいるかもしれない。が、仁鶴とすれば、話したことに対して、鐘のように打ち響けばいいが、鈍い音が返って来たときには、さすがにがっかりしてしまう。いかに徒弟《とてい》制度にある落語界とはいえ、時代の空気は吸っている。かつてのような心構えも持っている若者は少ない。いまの子たちは、「一を聞いて十を知る」、「鑿《のみ》といえば槌《つち》」という世界とは別のところにいる。一を聞いたら一のことができることで満足してしまうのである。その先を推測して行動を起こす。その必要性を感じているようには見えない。そのような子供たちに、先に先にと教える必要はない。

いまは、関西でいう、「捨て育ち」のかっこである。一から手取り足取り教えるのではなく、かまいすぎない。シャープなアンテナを持っている人間は、言われなくてもわかる。本当にセンスのある芸人は、お笑いの空白がどの部分にあって、その間隙《かんげき》を縫えば生き抜いていけると察知して進んでいける。いってみれば、それほど賢い芸人は、教えなくても、むしろ先輩に質問してくる。向こうから行動を起こしてくる。向こうから行動を起こさない者に、なにを教えても猫に小判である。向こうも、むしろ教わることが迷惑だと思う。

いまの若手芸人たちが幸せだと思うのは、かつては、自分がなにかを言う前に、わけのわからない先輩がいた。アドバイスらしきものを言ってくるのだが、いったいそれが、助言として受け取っていいのか、それとも、つぶしに来ているのかよくわからない。そのような先輩がいなくなったので、風通しがよくなったのは確かなことである。

自分の芸が受け入れられるかどうかは、あくまでもお客に任せておけばいい。お客の前に立つ前から、理屈をこねて小細工をして当たる方法論などない。その場にいるお客が、おもしろいかどうかを決めてくれる。そのお客との波長が合うかどうか。舞台の上では今日のお客がどのようなところにツボがあるのか、つねに探っている。時代がどう変わろうとも、それだけはおそらく変わることはない。

「日本一、いや世界一の興行会社であるという自負」

仁鶴には、東京での「お笑い」の環境がガラリと変わってきたと映る。東京の若手の芸を見ると、かなり手っとり早くなっている。大阪風に近くなっている。コントでも、ストーリー仕立てにはなっているが、展開が早い。かつての東京の笑いは、ストーリーに沿ってボツボツと盛り上げていっていた。

それが、大阪の芸風に近くなってきている。

かつては「行儀の悪い芸」と見られていた関西の芸が受け入れられている。特に、吸収力もあって少々荒っぽいものを好む若い層を中心として、関西弁を真似した東京文化ができあがっている。

大阪の芸は、東京からはしつこいと見られがちであった。たとえば、天気をネタにした掛け合いにしても、

「ええ天気やな」

「そうですなぁ」

「しかし、なんですな、結局ええ天気ですな」

「そうや、いうてるがな」

「えらいええ天気やな」

「しつこいな、おまえ」

三回同じことを繰り返しても、大阪のお客は耐えられる。むしろ笑ってくれる。しかし、東京では、しつこいと言われる。それなら二回に減らしてみる。仁鶴は、そんな工夫もした。

ところが、いまの東京の芸人は、かつてしつこいと言われた三回の繰り返しを、四回でもやる。徹底している。まるで鍋の底をさらえといわんばかりである。大阪で舞台に上がっている芸人は、それを肌で感じている。三回繰り返しても、つねにハンドルの遊びのように余裕を残しておく。そうでないと、鍋の底まで削ることになってしまう。そこまでやると、お客はさすがに引く。

大阪風の笑いを真似るものは、そこの匙《さじ》加減がわからないのかもしれない。底まで削ってしまう。なにごとも、真似をするとしつこくなる。それが受け入れられているのだから、それはそれでいいことだろうと仁鶴は思っている。しかし、品がいいか悪いかという尺度でいえば、品は悪くなっているように見える。

東京の場合は、テレビ局から外された芸人は芸を披露する場所が格段に少なくなる。それに対して、劇場がある大阪の吉本興業では、舞台で生き抜くことができる。それだけでなく、劇場の舞台に上がることで、お客さんが芸人に教えてくれる。

仁鶴は、吉本興業の顔として活躍しながらも、お客さんの反応が悪くてつらい時期もあった。それは、お客が悪いとか、芸の腕前ではなく、舞台に上がっている自分が、お客が作っている空気に合っていない。舞台に上がったときには、お客の空気をさぐりながら、話しているのである。もしも空気が合っていなければ、いくら巧みな芸を見せても、お客さんは応えてくれない。

逆にいえば、劇場がある限り、さまざまな若手芸人が巣立っていくに違いない。劇場がなくて、テレビのなかだけで芸をしていると、芸が、ついえげつなくなる。大阪は劇場があるから、えげつなくしなくてもいい。

現在、東京でも、「ルミネｔｈｅよしもと」で若手を育て、息長く生きていける土壌を作りつつある。

吉本興業は百年にわたって生き抜いて、生きるためのノウハウを積み重ねてきた。時代時代に応じて、世間の意識がどの方向へ流れていくのかを探りながら、それを的確にキャッチし、したたかに生き抜いてきた。

仁鶴は、言い切る。

「吉本興業が、日本一、いや、世界一の興業会社であるとの自負さえ抱いていれば、これからも、かならず時代に応じた動きを作り出すことができる」

あとがき

笑福亭仁鶴は、十三年前、自信を持って私に語った。

「世界一の興業会社吉本興業は、これからも、かならず時代に応じた動きを作り出すことができる」

吉本興業の強みは、テレビの出演だけでなく、NSCを持ち、東京にも「ルミネtheよしもと」のように若手にもチャンスを与えている。本拠地の大阪では、「なんばグランド花月」をはじめとする劇場で、ベテランたちが息長く芸を披露し続けられる。環境的には、他の芸能プロに比べ、実に恵まれている。

しかし、六千人もの芸人を抱える巨大な会社にふくれあがったいま、仁鶴の予想していたように「時代に応じた動きを作り出しているか」大いに疑問を抱かしたのが、今回の宮迫らの闇営業事件であった。

繰り返し言うように、大崎会長は、官邸肝煎りのファンドと百二十二億円にもおよぶ巨額ビジネスにも食い込み、「お笑いの総合商社」を目指すと豪語している。が、いまや権力に取り入り甘い汁を吸う「政商」に過ぎないのではないか、との厳しい目もある。

仁鶴は、自負している。

「吉本興業は百年にわたって生き抜いて、生きるためのノウハウを積み重ねてきた。時代時代に応じて、世間の意識がどの方向へ流れていくかを探りながら、それを的確にキャッチし、したたかに生き抜いてきた」

NSCを設立し、大量に芸人を生み出してきたのはいいが、かっての「ファミリー」の良さ、ぬくもりを失ってきてはいないか、会社の儲けはふくらんでも、つい「芸人ファースト」の精神が失われつつあるのではないか。今回の騒ぎは、その矛盾を露わにした。大崎会長、岡本社長は、居残るなら、一年間年収五〇%カットなどでお茶を濁さず、深刻に受け止めてほしい。

なお、私は、芸人は、品行方正なサラリーマン的であれ、というつもりはない。かって桂春団治、横山やすしのような破滅的な狂気をはらんだ芸人もいた。私はやすしの芸をこよなく愛していた。

必要以上の管理により、そういう狂気とスレスレの芸人をつぶしては角を矯《た》めて牛を殺すことになる。一人ひとりの芸人の能力をキメ細かく生かす。そういうシステムを作り直すべきではないか。

八月八日には、今回の騒動を受けて設置された「経営アドバイザリー委員会」の第一回会合が東京・新宿にある吉本興業本社で開催された。

「経営アドバイザリー委員会」は、強い権限を持つものではなく、経営改善について吉本興業から提出された素案をもとに、助言を行うものだ。この日は、これまでその不透明さが問題になっていた所属タレントとの契約の形についても新たな進展が見えた。

今まで通りのマネジメント契約として、書面での契約書を交わし、報酬の分担などを明らかにしていくことを決め、さらに専属マネジメント契約のほかに、今までになかったタレント個人がマネジメントをおこなうエージェント契約を導入する考えも明らかになった。実現すれば、日本の芸能事務所で専属エージェント契約を導入するのは初めてとなる。

エージェント契約は、仕事量やマネジメント業務の範囲を、タレント側の自己裁量で選べる形態で、ギャラの契約についても事務所との間に代理人を立てることが可能になる。

タレントのメリットとしては、ギャラの取り分が以前よりも増える可能性が高い点や、仕事を自らの意志で選びやすくなる点などがある。その一方でデメリットとしては、タレント個人の実力勝負になる点などが考えられる。

吉本興業が専属エージェント契約を導入することを受けて、現在の体制からの変化が無い場合に自らが退社する可能性に言及していた極楽とんぼの加藤浩次は、八月九日、自らがＭＣを務める日本テレビ系「スッキリ」で吉本興業への残留を宣言した。

加藤は、今回のエージェント制について「僕が思いつきました」と自らが提案したものであることを明言し、頭を下げた。

「僕自身が上層部が変わらなければ辞めると言ってしまいました。いろんな思いがあってエージェント制を提案させていただいて、こういう形になっている。ですから吉本に残る形になってしまった。ご迷惑をおかけした方に謝罪したいと思います」

加藤が残留を宣言するいっぽう、雨上がり決死隊の宮迫博之は、吉本興業を離れ、明石家さんまの個人事務所で活動していく方向になりそうだ。

八月十日、明石家さんまは、自らが出演する大阪ＭＢＳのラジオ「ヤングタウン土曜日」で、宮迫の自身の個人事務所入りについて、ほぼ確実になった見通しを語った。

「本決まりでも何でもないんですけど、宮迫がウチに来てくれるということで」

大きくなり過ぎた吉本興業を、吉本興業経営陣には真の笑いの王国に立て直す責務が大きく課せられている……。

二〇一九年八月

大下英治

大下英治

おおした・えいじ

1944年6月7日、広島県に生まれる。

1968年3月、広島大学文学部仏文科卒業。

1970年、週刊文春の記者となる。記者時代「小説電通」（徳間文庫）を発表し、作家としてデビュー。さらに月刊文藝春秋に発表した「三越の女帝・竹久みちの野望と金脈」が反響を呼び、岡田社長退陣のきっかけとなった。1983年、週刊文春を離れ、作家として政財官界から芸能、犯罪、社会問題まで幅広いジャンルで創作活動をつづけている。

近著に『渋沢栄一　才能を活かし、お金を活かし、人を活かす』（三笠書房）、『最後の怪物　渡邉恒雄』（祥伝社）ほか、『稲川会 極高の絆 二人の首領《ドン》』、『昭和、平成秘録　〝憂国〟事件の男たち』、『IT三国志「超知性」突破する力』（小社刊）など、著作は450冊以上にのぼる。

◉本書は二〇〇七年に講談社より刊行された「吉本興業、カネの成る木の作り方」を元に追記、加筆をして再構成したものです。

吉本興業の真実

二〇一九年九月八日　第一刷発行

著者――――大下英治
編集人・発行人――阿蘇品 蔵
発行所――――株式会社青志社
〒一〇七-〇〇五二　東京都港区赤坂六-二-十四　レオ赤坂ビル四階
（編集・営業）
TEL：〇三-五五七四-八五一一　FAX：〇三-五五七四-八五一二
http://www.seishisha.co.jp/

本文組版――――株式会社キャップス
印刷・製本――――中央精版印刷株式会社

ISBN 978-4-86590-089-7 C0095